L'EUROPE

EN

1864

LETTRES POLITIQUES

> Reactioni similis actio....
>
> NEWTON.

A PARIS

CHEZ DENTU, LIBRAIRE-ÉDITEUR,

PALAIS-ROYAL, GALERIE D'ORLÉANS, 17 ET 19.

—

1864

L'EUROPE

EN

1864

G

L'EUROPE

EN

1864

LETTRES POLITIQUES

> Reactioni similis actio.
>
> NEWTON.

A PARIS

CHEZ DENTU, LIBRAIRE-ÉDITEUR,

PALAIS-ROYAL, GALERIE D'ORLÉANS, 17 ET 19.

1864

PARIS. — IMPRIMERIE INTERNATIONALE DE G. TOWNE,
RUE DES FOSSÉS-MONTMARTRE, 9.

L'EUROPE

EN

1864

LETTRE PREMIÈRE

SOMMAIRE. Attitude actuelle des puissances ; — craintes du public européen ; — défaillances et présomptions ; — la voix de l'histoire. — La politique considérée comme science ; — axiome historique ; — la loi du mouvement ; — force d'impulsion et force de résistance ; — la réaction dans l'action et l'action dans la réaction ; — exemples.

I

La situation est tendue. Le calme dont nous jouissons n'est qu'apparent, et point n'est besoin d'être dans le secret des gouvernements pour s'apercevoir que nous sommes à la veille de graves décisions. On hésite encore, on cherche à gagner du temps ; mais le moment approche où il faudra se résoudre. Selon la nature de ces décisions, selon qu'elles seront dictées par le calme ou l'entraînement, la sagesse ou l'imprévoyance, le talent ou l'impéritie, nous aurons la paix assurée ou la guerre à courte échéance ; nous verrons l'Europe sortir enfin paisiblement des convulsions dans lesquelles elle s'agite depuis cinquante ans, ou nous la verrons invoquer encore une fois le Dieu des batailles.

D'autre part, il n'est pas nécessaire de suivre les articles des journaux et les oscillations des marchés européens pour se convaincre que le public, toujours exagéré dans ses appréhensions comme dans sa sécurité, craint déjà un nouveau triomphe de la Sainte-Alliance.

Il peut donc n'être pas inutile de profiter de ce moment d'anxieuse attente pour faire entendre aux uns et aux autres la voix de l'histoire et rappeler à ceux qui, par défaillance ou par présomption, peuvent l'avoir oublié, que le mal de quelques-uns est souvent nécessaire au bien de tous, et que s'il est permis aux hommes de provoquer un mal passager, il n'est pas dans leur pouvoir d'empêcher le triomphe définitif du bien.

II

Si, dans l'examen de la situation actuelle. on apportait plus de calme, plus de réflexion et surtout plus d'étude, on n'attacherait pas une aussi grande importance à ce semblant de renouvellement de la Sainte-Alliance dont il est tant question depuis quelque temps ; on se méprendrait moins complétement sur la signification réelle de ces symptômes; les amis de l'indépendance et de la liberté des peuples n'y verraient pas de si grandes causes d'alarme, et les partisans du passé y trouveraient moins de sujets de joie et de triomphe.

Malheureusement, sur tant d'hommes qui se mêlent de politique, combien il en est pour lesquels les principes les plus élémentaires de la politique sont lettre close! La politique, en effet, n'est point seulement un art dont la nature se plaît à douer certains hommes; c'est encore une science parfaitement définie, aussi précise, aussi exacte que les sciences naturelles. Partant, comme elles, de l'observation, elle a pour but particulier l'étude, la définition des propriétés des différents corps sociaux dont elle fixe et détermine les rapports.

Pour elle le domaine de l'observation, c'est l'histoire. Or, en histoire, le premier axiome, c'est que l'histoire ne se refait pas. En vain m'alléguera-t-on telles époques, tels faits qui se ressemblent; en vain cherchera-t-on à établir entre eux une certaine similitude; elle ne sera qu'apparente, et plus la ressemblance sera grande extérieurement, moins elle sera réelle au fond. On aura beau me montrer aujourd'hui les trois souverains du nord coalisés de nouveau et réunis, non pas seulement à Kissingen et à Carlsbad, mais même à Vienne comme jadis, que je les défie, eux et tous leurs ministres, de refaire, je ne dirai pas la Sainte-Alliance dont on parle beaucoup et qu'on connaît si peu, mais même la *triple alliance*, qui, celle-là, a été longtemps une vérité; on aura beau me montrer des documents attestant leur accord, cet accord me fût-il certifié par eux-mêmes, je les défierais encore d'aboutir à autre chose qu'à un résultat diamétralement opposé à celui qu'ils se proposent d'atteindre.

Les mêmes faits ne se répètent pas, et il nous serait tout aussi difficile de trouver dans l'histoire deux époques, deux situations exactement les mêmes que dans la création, et, malgré de fréquentes ressemblances, deux esprits, deux hommes, deux pierres, deux fleurs parfaitement identiques.

Mais ce qui se répète, ce qui, malgré la diversité

des temps et des situations, produit partout des résultats de même ordre et de même nature, ce sont les nécessités de cette loi contre laquelle les plus puissants de la terre ne peuvent rien, qui déjoue leurs plans les mieux combinés, et à laquelle nous obéissons tous sans le savoir, c'est-à-dire la loi du *mouvement*, la loi du progrès ; loi suprême, immuable dans son essence, mais variable à l'infini dans son application ; souveraine absolue dans le monde politique aussi bien que dans le monde physique, qui fait mouvoir l'humanité, comme la matière, entres deux forces opposées, inégales, mais également indispensables au mouvement : la force d'*impulsion* et la force de *résistance*.

La marche de l'humanité, résultante de cette double force, est nécessairement une succession non interrompue de pas en avant et de pas en arrière, d'*actions* et de *réactions*, c'est-à-dire de mouvements en sens opposé qui peuvent bien se ressembler dans leurs fluctuations, mais dont les conséquences sont toujours progressives.

L'étude approfondie de ce merveilleux enchaînement des faits historiques, tour à tour causes et effets, qui se suivent et s'engendrent incessamment, prouve que parmi les événements qui ont imprimé les plus grands progrès à l'humanité, il en est tout autant qui sont dus à la force de résistance, c'est-à-dire au mouvement rétrograde, qu'à la force d'impulsion, c'est-à-dire au mouvement progressif, et que, conséquemment, l'action est dans la réaction comme la réaction est dans l'action, ou, en d'autres termes, que ce qui a été action hier devient réaction aujourd'hui, et que ce qui est réaction aujourd'hui sera action demain.

C'est ainsi que Napoléon Ier, propagateur dans toute

l'Europe des principes de la Révolution de 89, a. sans le vouloir, provoqué le régime compressif de la Sainte-Alliance, tandis que Nicolas Ier, la plus puissante personnification du principe du droit divin et de l'absolutisme, a, plus inconsciemment encore, semé chez lui la liberté et provoqué la rupture de la triple alliance.

C'est ainsi encore que tout récemment Napoléon III, subissant les conséquences du principe qu'il représente, prend fait et cause pour la Pologne, en ce moment-là très-populaire en Russie, et provoque chez la nation russe une violente réaction qui resserre les chaînes des Polonais; tandis que de son côté le gouvernement russe, afin de mieux assurer sa domination en Pologne, émancipe les serfs polonais, mesure précisément la plus propre, la mieux calculée pour hâter et rendre inévitable, dans un temps donné. l'indépendance de la nation polonaise.

C'est ainsi enfin que l'entrevue des trois souverains du Nord, dont on fait tant de bruit, loin d'aboutir à l'oppression, ainsi que le redoutent les libéraux et que les rétrogrades l'espèrent, aura pour résultat infaillible, par cela seul qu'elle annonce un mouvement de réaction, d'assurer le triomphe du principe des nationalités et d'en faire la base fondamentale du nouveau droit public européen.

LETTRE DEUXIÈME

Sommaire. Caractère transitoire de la situation; — aspect de l'Europe; — questions pendantes; — la vieille Europe s'en va; — l'Europe nouvelle; — abstention des puissances; — politique d'expédients; — ses causes. — La force d'impulsion; — déplacement du centre de gravité de la politique européenne; — principes nouveaux; — coopération des trois puissances du Nord à leur triomphe. — La force de résistance; — craintes et préventions, — transition; — dénoûment certain. — Points sur lesquels toutes les puissances sont d'accord: — point sur lequel cet accord tôt ou tard se fera.

I

Si l'on se place à ce point de vue, l'on reconnaîtra que nous traversons aujourd'hui une de ces intéressantes époques de l'histoire où la transition qui s'opère partout devient le signe et le gage d'un dénoûment prochain.

La conquête de l'Europe par les idées modernes n'est plus à faire; elle est faite. De Madrid à Saint Pétersbourg, et de Vienne à Naples, les peuples ont aujourd'hui leur franc-parler. Les obstacles ne proviennent même plus d'une ligue de principes opposés; ils proviennent uniquement d'intérêts plus ou moins respectables, d'habitudes contractées, de convictions encore hésitantes, de préventions regrettables, de difficultés matérielles à vaincre. La parole est par conséquent aux faits, qui d'ailleurs ne manquent pas.

De quelque côté que nous portions nos regards, il n'est pas un pays où ne s'agitent, non plus à l'état latent et dans les bas fonds de la société, mais dans les hautes sphères gouvernementales. où l'on s'en préoccupe sérieusement, des questions nationales qui ont changé en partie et vont changer du tout au tout l'aspect de l'Europe.

C'est, en Russie, la réforme sociale doublée de la réforme politique, c'est-à-dire la rénovation complète de ce vaste empire, accomplissant sa révolution intérieure à sa manière, en même temps qu'à l'extérieur s'agite la question de Pologne. C'est la question de la Vénétie et de la Hongrie pour l'Autriche, déjà démembrée et convertie au régime constitutionnel; c'est la question papale pour l'Italie, devenue de fait grande puissance; c'est la guerre du Danemark pour l'Allemagne et pour l'Europe entière, guerre qui n'a apaisé momentanément la question de la révision de la Constitution germanique que pour la faire renaître plus vive et plus pressante que jamais.

C'est, en France, la question de la liberté, dont la gloire obtenue par deux guerres victorieuses et l'extension des frontières de l'empire du côté des Alpes, ont réussi à lui faire oublier les inconvénients et les dangers, mais non pas les avantages; c'est, en Belgique, la crise ministérielle de plus en plus grave, menaçant à la fois le régime constitutionnel et l'existence même du pays comme Etat indépendant et neutre; c'est, en Angleterre, la lutte sourde mais intense de la reine, hier encore l'idole de tout son peuple, contre ses ministres, son propre fils et sa nation; lutte qui ne peut aboutir qu'à une catastrophe ou à une abdication inaugurant un nouveau règne, une nouvelle politique et des hommes d'Etat nouveaux. C'est, d'un autre côté, la question d'Orient toujours ouverte, compliquée aujourd'hui de celle des Principautés romano-slaves, de la Grèce, de la Tunisie et des Etats barbaresques, plus importante, celle-ci, qu'on ne le croit généralement. C'est, enfin, sur un autre continent, bien éloigné de nous, il est vrai, mais où, dans son propre intérêt, l'Europe devra bientôt transporter son action : la guerre d'Amérique, qui doit amener tôt ou tard de graves complications, tant du côté du nouvel empire mexicain et des républiques hispano-américaines que l'Espagne convoite déjà, que du côté des possessions britanniques du Canada.

En un mot, c'est partout la vieille Europe, le vieux monde, l'ancien état de choses qui s'en va.

Si à toutes ces difficultés nous ajoutous la crise financière et commerciale dont la gravité n'est peut-être pas assez remarquée et qui s'étend partout, en France, en Russie, en Italie, en Allemagne, en Amérique, nous aurons esquissé assez exactement la physionomie actuelle de l'Europe.

On conviendra qu'il eût suffi jadis d'une seule de ces questions pour mettre le feu aux quatre coins du monde. Aujourd'hui, cependant, non-seulement la guerre n'éclate pas, mais malgré les souffrances des intérêts matériels qui n'aspirent qu'à la cessation de cet état d'incertitude qui n'est ni la paix ni la guerre, dût ce résultat être obtenu par la voie des armes, nous voyons les cabinets faire tous leurs efforts pour éviter une conflagration.

Quel intérêt plus direct, plus national pour l'Angleterre que celui qui se trouve impliqué dans la question du Danemark, dont le démembrement va permettre à la Prusse de se constituer puissance maritime de premier ordre dans la Baltique? Quel danger plus grand pour la Russie que cette rivalité qui va surgir pour elle dans la seule mer que la guerre de Crimée lui a laissée ouverte? Et, sans parler du sentiment pénible que l'on éprouve en voyant les forts écraser impunément le faible, sans parler du précédent dangereux pour les petits Etats que l'on crée par ce mépris des traités, à quelle époque, nous le demandons, les puissances auraient-elles laissé porter une aussi violente atteinte à l'équilibre européen? Pourtant le Danemark a été abandonné à lui-même, et nous avons vu le septuagénaire comte Russell faire subir à son pays une grande humiliation plutôt que de l'engager dans une guerre qui eût pu prendre les plus grandes proportions. Sous ce rapport la conduite pusillanime de l'Europe dans le conflit dano-allemand est un symptôme des plus significatifs.

Pourquoi ces craintes, pourquoi ces réticences, qui obligent la plupart des cabinets à s'abstenir, à suivre une politique de tâtonnements et d'expédients, à vivre au jour le jour et à se trouver très-satisfaits lorsque après bien des efforts ils sont parvenus à s'assurer quelques mois de répit? Est-ce la quantité des questions pendantes qui les effraye; craignent-ils que le moindre choc, le moindre conflit les fassent aboutir à un immense cataclysme? Non, là n'est pas la vraie cause de leur appréhension. Ces questions, d'ailleurs, pour la plupart ne sont pas nouvelles; il y a toujours eu en Europe une question de Pologne, une question de Hongrie, une question d'Italie, une question d'Allemagne et une question d'Orient. Ce que ces cabinets, certains d'entre eux du moins, redoutent le plus, ce ne sont pas ces questions en elles-mêmes, ce n'est pas qu'elles se posent ou qu'elles se compliquent; ils y sont habitués; ce qu'ils redoutent, c'est leur solution, car ils sentent que la direction pourrait bien leur en a échapper.

Et, en cela, ils ne se trompent pas. Le centre de gravitation des affaires politiques européennes s'est, en effet, déplacé dans ces derniers temps. Mais à qui la faute?

II

Depuis le jour où, en rompant l'alliance des trois cours du Nord, déjà ébranlée par la conversion de la Prusse en 1848 aux idées constitutionnelles, la guerre de Crimée est venue porter le dernier coup au principe absolutiste; l'ancien édifice européen, ébréché en plus d'un endroit, sans liens, sans base, s'est effondré. Or, même en politique, le vide est impossible.

A la place de cet ancien édifice, à côté de lui si l'on veut, s'en est élevé un nouveau qui a grandi rapidement, et à l'achèvement duquel tout le monde, partisans et adversaires, a concouru. Sa première assise a été posée par la révolution de 1848 inaugurant le principe du suffrage universel et des nationalités; la seconde l'a été par le coup d'Etat du 2 décembre et la proclamation de l'Empire par la nation française; la troisième, enfin, ce sont les signataires mêmes des traités de Vienne qui l'ont posée en reconnaissant le nouvel Empereur des Français avec le titre de Napoléon III, malgré l'article premier de ces traités qui excluait à jamais les Bonaparte du trône de France.

Evidemment, de tous ces actes, la reconnaissance, par l'Europe de 1815, du nouvel Empire, a été le fait le plus important, car en même temps qu'elle violait la stipulation fondamentale des traités de Vienne, elle en détruisait l'essence même, puisqu'elle rendait les auteurs et cosignataires de ces traités consentants à un état de choses qui ne consacrait ni plus ni moins que le principe de la souveraineté nationale, principe dont la Sainte-Alliance a eu précisément pour but de combattre partout le triomphe et les tendances (1).

Aussi comprend-on que l'Empereur Nicolas, gardien vigilant de ce pacte, ait refusé, nonobstant l'abandon à la dernière heure de ses deux alliés, de reconnaître l'Empereur des Français autrement que comme souverain de fait et non comme héritier légitime de Napoléon II. La volte-face subite de l'Autriche et de la Prusse quelques instants seulement avant la cérémonie de la reconnaissance officielle au palais des Tuileries, volte-face qui impressionna si vivement la

(1) Il est bon de faire observer que nous employons ici le mot de Sainte-Alliance dans son acception ordinaire, vu que l'idée première de la Sainte-Alliance, telle qu'elle fut consignée dans son admirable préambule, n'était autre que de cimenter l'accord entre les peuples et les souverains Ce n'est que plus tard et notamment en 1820 et 1823, à la suite des congrès de Troppau et de Laybach, que la Sainte-Alliance prit, dans des conventions particulières, ce caractère antipathique et antilibéral qui en a fait une espèce d'épouvantail européen.

Il y a eu ainsi deux Saintes-Alliances : la première, la bonne, la vraie, qui n'a jamais été qu'un projet, une simple déclaration de principes, est celle d'Alexandre et de Mme de Krudener; la seconde, la mauvaise, qui, celle-là, n'a que trop existé, est l'œuvre du prince de Metternich, qui sut si habilement, aidé par son élève allemand le comte de Nesselrode, exploiter en faveur de l'Autriche les tendances mystiques de l'Empereur Alexandre Ier.

cour de Saint-Pétersbourg, prouva bien que l'Empereur Nicolas devait être le dernier souverain de la Sainte-Alliance.

La phase de réaction dans laquelle l'Europe était entrée à la suite des grands événements du premier Empire était, en effet, arrivée à sa fin ; une réaction en sens contraire devait nécessairement s'ensuivre ; elle n'a pas manqué de se produire. — Après la mort de Nicolas, la force d'impulsion naît partout de la force de résistance.

Les trois puissances du Nord, qui pendant environ un demi-siècle avaient résisté à tout mouvement populaire, commencent par reconnaître en France le règne du suffrage universel. Elles vont plus loin, elles coopèrent directement, en s'y associant, aux actes de la politique napoléonnienne, c'est-à-dire à l'avénement en Europe d'un état de choses nouveau opposé à l'ancien. Bientôt elles font plus encore. Chacune d'elles, sans le vouloir, et poussée par la force des choses, prendra part à tour de rôle à la défense du principe des nationalités.

C'est l'Autriche qui commence. Elle entre, pour les affaires d'Orient, dans la coalition contre la Russie, à laquelle elle paye sa dette de reconnaissance par une noire ingratitude. La Russie suit, lui infligeant la peine du talion. La France marche contre l'Autriche pour l'indépendance de l'Italie. L'Empereur des Français vient de déclarer que l'Italie doit être libre des Alpes à l'Adriatique ; il ne prend cet engagement que parce qu'un accord secret s'est établi entre lui et le cabinet de Saint-Pétersbourg, accord d'après lequel la Russie, qui est avec lui en ce moment dans les rapports les plus intimes, doit diriger un corps d'armée vers la frontière autrichienne, afin de forcer le cabinet de Vienne à lui en opposer un autre de ce côté-là et à affaiblir d'autant ses forces en Italie. Le mouvement du corps d'armée russe n'a pas lieu à cause de la Prusse, et Napoléon III, qui, après les victoires de Magenta et de Solferino, se trouve en présence de toute l'armée autrichienne, réunie autour du quadrilatère, tandis que la Prusse s'avance sur les frontières du Rhin, se voit obligé de s'arrêter et de laisser son œuvre inachevée, décision sage et prudente par laquelle il a prouvé sa supériorité sur son oncle. La participation de la Russie à la reconstitution de la nationalité italienne n'en reste pas moins acquise.

C'est elle aussi qui reconnaît, la première, le nouveau royaume d'Italie, lequel s'élevait pourtant sur les débris des trônes renversés par la volonté nationale, à Naples, en Toscane, à Modène, c'est-à-dire chez les plus fidèles sinon les plus puissants partisans de la Sainte-Alliance.

Quelque temps après éclate l'insurrection de Pologne. Une coalition se forme contre la Russie. L'Autriche, malgré sa qualité de puissance copartageante, prend fait et cause pour l'insurrection. Elle s'allie à la France et à l'Angleterre, elle traite secrètement avec ces puissances, les pousse en avant, les excite, et se montre la plus acharnée des trois à défendre la natiolité polonaise.

Enfin surgit le conflit dano-allemand impliquant en faveur de l'Allemagne une question de nationalités. Ici encore c'est un membre de la Sainte-Alliance, une des trois puissances copartageantes de la Pologne, — la Prusse, — qui provoque ce conflit au nom du principe national. Elle fait plus, à la Conférence de Londres, elle est la première à adhérer à la proposition faite par le plénipotentiaire français de consulter les vœux des populations des duchés.

Ainsi, des trois puissances du Nord, unies jadis pour représenter en Europe le principe de l'autorité, de l'absolutisme et de l'oppression des peuples, il n'en est pas une qui, après avoir donné dans les derniers temps une satisfaction plus ou moins large chez elle aux aspirations populaires, n'ait concouru à la substitution, en fait, sinon encore dans le droit public européen, du principe des nationalités au principe du droit divin.

III

Si ces puissances avaient agi de la sorte par conviction, à la suite de plans mûrement réfléchis et dans le but avoué de mettre fin une bonne fois aux causes qui révolutionnent et inquiètent sans cesse l'Europe, oh! alors une ère nouvelle se serait ouverte pour l'humanité. L'Europe aurait été du coup pacifiée. Ce lourd cauchemar qui pèse sur tout le monde et arrête le développement des forces productives des Etats aurait disparu, et le congrès de paix proposé par l'Empereur des Français serait devenu une grande et brillante réalité.

Malheureusement il n'en a pas été ainsi. Les grands progrès ne s'accomplissent pas si facilement; la lutte est nécessaire à tout ce qui naît et est appelé à vivre. Chacune de ces trois puissances n'a agi de concert avec la France, en faveur des aspirations nationales de l'Italie, de la Pologne, de l'Allemagne, qu'inconsciemment, contrainte pour ainsi dire par la force des choses et par des motifs différents, les uns inavouables, les autres accidentels; ici par rancune, là par intérêt particulier. Aussi la Russie, qui s'est associée à la France pour faire triompher le principe de l'indépendance nationale en Italie contre l'Autriche, s'est-elle brouillée avec elle dès que ce même principe a été appliqué à la Pologne ; et l'Autriche, qui a combattu ce principe contre la France en Italie, ne l'a défendu avec la France en Pologne contre la Russie que pour se venger de celle-ci, sauf à s'en rapprocher ensuite par crainte de la Vénétie. De même, la Prusse trouverait assurément très-mauvais qu'on vînt lui opposer aujourd'hui dans le grand-duché de Posen les mêmes principes qu'elle a trouvés excellents pour séparer du Danemark les duchés de Schleswig-Holstein.

Nous n'avons pas encore atteint, comme on le voit, cette époque de justice distributive, de pacification générale, où les souverains ne proclameront plus seulement comme nécessaires les concessions à faire à la paix, à l'ordre public et aux besoins de l'époque que lorsqu'elles sont imposées à leurs voisins et que ceux-ci peuvent en être affaiblis ; cependant nous y touchons. Et la preuve que nous y touchons, c'est l'aveu, tacite si l'on veut, mais réel, de ces souverains que ces concessions peuvent devenir un jour nécessaires ; c'est leur complicité effective, irrécusable à tous dans les efforts tentés par la France pour les obtenir de chacun d'eux isolément; c'est surtout le besoin, chaque jour plus pressant pour tous, de jouir des bienfaits d'une paix assurée, et la conviction, que le temps et les événements se chargeront de leur donner, que pour obtenir cette paix, le meilleur moyen n'est pas de compliquer les difficultés en les ajournant, mais de les résoudre ; la preuve enfin que nous y touchons, c'est le terrain déjà parcouru, la distance qui nous sépare de l'état de choses passé, bien que d'hier à peine, et contre le retour duquel protestent solennellement non-seulement la raison, l'histoire, la force des choses, mais avec elles les cabinets eux-mêmes, les Gortchakov, les Bismark, les Rechberg, qui tous repoussent avec indignation, comme si elle était pour eux une injure, l'accusation de vouloir reconstituer la Sainte-Alliance ou quoi que ce soit de semblable.

IV

C'est là la meilleure preuve que nous sommes en pleine transition et que nous touchons à une époque de réparation, en un mot, à un dénoûment; car si tout le monde en Europe, peuples, souverains et ministres, est déjà d'accord sur les points suivants : 1° que les principes et les traités constituant l'ancien état de choses ne répondent plus aux besoins de l'époque ; 2° qu'il n'y aura de paix possible en Europe que lorsque les ferments révolutionnaires auront disparu ; 3° que la paix, une paix durable, solide, est une nécessité absolue, un besoin urgent et universel ; il est clair que s'ils sont tous d'accord sur ces trois points, — et ils le sont, — il ne se passera pas longtemps avant que, nécessairement, ils ne reconnaissent aussi cette autre vérité, savoir : que pour faire disparaître les ferments révolutionnaires, il faut avant tout faire disparaître les causes de ces ferments, et que ces causes ne sont autres que le besoin inné, irrésistible, la volonté opiniâtre, invincible, naturelle, légitime des nations encore opprimées de revendiquer leur indépendance.

Or, en fait de nations opprimées pouvant sérieusement menacer le repos de l'Europe, nous n'en voyons que deux : la Pologne et la Vénétie.

En Russie, le gouvernement croit sincèrement pouvoir, si on le laisse faire, maintenir la paix en réconciliant la Pologne avec la Russie, ou en la contenant par la force si cette réconciliation est impossible ; et, en Autriche, on nourrit l'espoir de conserver paisiblement la Vénétie par les mêmes moyens.

Ce sont là deux fatales illusions dont nous prouverons plus loin les inconvénients et les dangers.

LETTRE TROISIÈME

Sommaire. Obstacles qui s'opposent à une entente entre les souverains; — causes morales, causes matérielles. — Ce qui devrait conseiller cette entente ; — les enseignements de l'histoire. — Commencement de cette entente ; — ce qui l'a fait échouer ; — accusation du parti qui, en Europe, est hostile à la France ; — opinion du feu roi de Wurtemberg sur Napoléon III ; — ce que veut ce souverain ; — ce qu'il faut faire.

I

Les obstacles qui s'opposent encore à ce que les trois cours du Nord assurent la paix de l'Europe, en donnant satisfaction aux besoins et aux vœux nationaux de la Pologne et de l'Italie, sont, avons-nous dit, d'une double nature : difficultés morales d'une part, difficultés matérielles de l'autre. Les unes consistent dans les idées encore dominantes à ces cours et peu en harmonie avec celles qu'impliqueraient de pareilles concessions ; les autres viennent de la mise en œuvre de ces concessions, qui exigeraient des compensations territoriales difficiles à trouver. Causes morales et causes matérielles étant, sinon également légitimes, du moins également respectables, nous les traiterons avec toute la modération que comportent des sujets aussi délicats, d'autant plus qu'il se mêle aux unes et aux autres un sentiment de prévention et de défiance qui constitue peut-être le principal obstacle, et dont il est nécessaire de se rendre compte.

II

Il est évident qu'à Saint-Pétersbourg, comme à Vienne et à Berlin, l'on est au fond mécontent de la coopération que l'on y a directement ou indirectement prêtée aux progrès accomplis dans les derniers temps par le principe des nationalités. Il est évident encore que ces progrès y ont provoqué une certaine frayeur, un certain malaise, et que l'on s'y demande si l'on n'est pas allé trop loin. On a beau se nommer Alexandre II et nourrir des sentiments sincèrement, loyalement libéraux, on a beau ne plus être légalement souverains absolus ni à Vienne ni à Berlin, l'on ne peut divorcer ainsi d'un jour à l'autre avec les idées dans lesquelles on est né. Quelle que soit l'importance des concessions qu'ils ont faites aux idées libérales et à leurs peuples, les souverains de Russie, d'Autriche et de Prusse ne peuvent encore s'habituer à l'idée que le droit national puisse être substitué au droit divin. Ces conversions sont l'œuvre du temps.

Ce qui constitue aussi une des difficultés de la situation, c'est que tandis que l'Europe occidentale a traversé déjà sa phase de gouvernement constitutionnel, ce terme moyen entre le droit absolu et le droit populaire, l'Europe orientale n'y est entrée que depuis quelque temps seulement. On n'est encore franchement constitutionnel ni à Berlin, ni à Vienne, ni à Saint-Pétersbourg. Comment voulez-vous, nous dit-on, qu'on y soit franchement démocrate ?

Cette objection serait péremptoire, si elle ne prouvait combien la question est envisagée d'un point de vue faux en certains lieux. Comment! parce que des souverains, dans l'omnipotence de leur jugement et de leurs forces, prendraient certaines décisions, auraient recours à certaines transactions dans le but d'assurer la paix générale et de préserver leurs Etats et leurs peuples du fléau des révolutions, ils seraient par cela seul des démocrates? Mais à ce compte-là ils l'auraient toujours été toutes les fois que dans le même but, sinon avec le même succès, ils ont eu recours à de pareilles transactions. A ce compte-là le roi de Prusse et M. de Bismark seraient les plus grands démocrates du monde, — et Dieu sait s'ils le sont, — parce qu'ils ont délivré les populations allemandes des duchés du joug des Danois.

D'ailleurs, cette objection, si elle pouvait avoir quelque apparence de fondement à Vienne, ne pourrait être d'aucune valeur à Saint-Pétersbourg, où le règne de l'école allemande, qui, pendant près d'un demi-siècle, a voulu façonner la Russie à sa guise sans y parvenir, touche à sa fin et est remplacé par une politique nationale dont les traditions sont basées précisément sur le respect et la défense du principe des nationalités et du suffrage populaire. Origine et sauvegarde du principe monarchique, ce principe, auquel la nation russe doit son indépendance, son unité et son influence séculaire sur toute la race slave, est en Russie un élément essentiellement conservateur.

Il fut une époque, et cette époque n'est pas assez éloignée de nous pour que nous l'ayons oubliée, où les idées constitutionnelles étaient aussi considérées comme des idées subversives, antimonarchiques, démocratiques, révolutionnaires. Le temps a fait justice de ces erreurs, de ces fausses alarmes, et aujourd'hui nous voyons des souverains éclairés, comme l'Empereur Alexandre, trouver dans l'application de ces idées la meilleure garantie de l'ordre public et de la stabilité des Etats. Mais que de sang versé, que d'argent dépensé, que de temps perdu, que de fautes, que d'injustices commises, que de malheurs provoqués, que d'énergie, que de talents gaspillés inutilement; enfin, que de mécontentements, que de désaffections, que de rancunes populaires accumulées, que d'atteintes portées au principe monarchique, que d'éléments révolutionnaires amassés pendant les quarante années qu'a duré la leçon! Il n'a fallu rien moins que la tourmente de 1848 et 1849, renversant ou ébranlant tous les trônes, et mettant en question les bases mêmes de l'ordre social, pour que cette leçon portât ses fruits.

Veut-on renouveler la même épreuve? Attendra-t-on les mêmes enseignements?

Certes, s'il est une réflexion que les plus simples notions de l'histoire doivent inspirer à l'esprit de sagesse et de prudence des hommes d'Etat, c'est qu'il est du plus haut intérêt pour la stabilité de la paix européenne et pour la conservation du principe monarchique lui-même, que les souverains profitent du temps où la France — d'où sont toujours partis les cataclysmes européens — est gouvernée par une main ferme et habile, pour résoudre avec calme et d'eux-mêmes, pendant qu'ils ont pour eux la force et ne sont pas sollicités violemment par les passions déchaînées des masses, ces difficultés, dont la solution s'impose chaque jour davantage à leur sagesse et à leur prévoyance; pour qu'ils purgent l'Europe des principales causes de mécontentement et de troubles populaires.

Si l'élève de l'université de Ham (1), si le prince qui avant de monter sur le trône a appris à l'école du malheur, dans de sérieuses études et dans le recueillement de la pensée, l'art de prévenir les révolutions en satisfaisant les besoins des peuples, c'est-à-dire l'art de gouverner ; si l'Empereur des Français pousse à ces solutions dans un intérêt dynastique, afin de ne pas laisser à son fils un héritage trop lourd à porter, tous les autres souverains doivent y tendre dans le même but et pour les mêmes raisons. Ici c'est un intérêt identique, conservateur au premier chef, qui les lie et devrait les trouver tous d'accord.

III

Cet accord avait commencé à s'établir entre eux sur ces bases, du moins entre les deux souverains de Russie et de France à la suite de l'entrevue de Stuttgard. Il avait été cimenté, et l'entrevue avait eu lieu par les soins de ce vieux monarque — le feu roi de Wurtemberg — qui disait de Napoléon III, restaurateur de l'ordre en France et par suite en Europe, « que s'il n'avait pas existé, il aurait fallu l'inventer. » Malheureusement, à la suite des premiers mouvements insurrection-

(1) On sait que lors du Congrès de Paris, le prince Orlov, plénipotentiaire russe, frappé d'une observation faite par l'Empereur des Français à propos d'une particularité touchant à l'histoire de Russie, lui demanda à quelle université il avait fait ses études : « A la meilleure des universités, » répondit Napoléon III. — « Elle se nomme ?.., — « Elle se nomme, prince, l'université de Ham. »

nels en Pologne, le parti qui, en Europe, rêve encore la restauration du régime de 1815, qui est l'ennemi juré de la France et dont l'influence est si fatale aux monarchies, a repris partout son ascendant, à Berlin, à Saint-Pétersbourg et à Vienne. Profitant des mécontentements et des embarras que cette insurrection devait nécessairement susciter aux trois cabinets, ce parti, peu nombreux, mais habile dans l'art des intrigues de cour et circonvenant les souverains d'Autriche, de Prusse et même de Russie, dont il a su capter la confiance, s'efforça de saper l'opinion accréditée par le roi de Wurtemberg et de prouver au contraire, en montrant la main de la France dans toutes les insurrections, que le principal fauteur de la révolution cosmopolite était Napoléon III.

Les efforts persévérants de ce parti, dont certains membres remplissent des fonctions importantes dans la diplomatie, ont eu jusqu'ici un certain succès, il faut bien le reconnaître. Il est vrai que le triomphe n'est pas encore définitif. La réunion de Kissingen et de Carlsbad n'a eu aucun des résultats décisifs qu'on en attendait (1); M. de Schmerling, qui en présence de l'hostilité de ce parti s'est vu souvent obligé d'offrir sa démission, et le prince Gortchakov, qui a eu, lui aussi,

(1) Au moment où nous écrivons ces lignes, nous trouvons dans le numéro du *Journal des Debats* du 2 août un de ces résumés de correspondances qui, sous la signature du secrétaire de la rédaction de ce journal, ont le caractère de véritables *communiqués* diplomatiques. L'auteur de ce résumé affirme, sur la foi de ses correspondants, qu'aucun traité d'alliance offensive ou même défensive n'a été signé entre les trois souverains du Nord, et que « ni à Berlin, ni à Kissingen, ni à Carlsbad, le nom même de la Pologne n'a été prononcé. » Nous pouvons ajouter que nos propres renseignements confirment ces assurances.

à combattre plus d'une fois sa désastreuse influence, sont encore tous les deux au pouvoir. Tout n'est donc pas encore désespéré.

Si pourtant on réfléchissait bien à Vienne, à Berlin, et à Saint-Pétersbourg, on se laisserait moins dominer par de fallacieuses suggestions qui ne résistent pas au moindre examen sérieux. En effet, et en supposant même à Napoléon III la toute-puissante influence que ce parti se plaît à lui attribuer pour mieux l'accuser d'en tirer profit en faveur du désordre européen, on se demanderait si c'est lui qui a provoqué la Révolution polonaise de 1830, si c'est lui qui a suscité les insurrections qui se sont succédé en Italie contre la domination autrichienne de 1823 à 1848, si c'est à lui, enfin, qu'il faut faire remonter le cataclysme révolutionnaire de 1848-49. Peut-être même, avec un peu plus de bon vouloir, retrouverait-on à la chancellerie de Saint-Pétersbourg les preuves des efforts que ce souverain a tentés pour prévenir l'insurrection polonaise de 1863, tout comme l'on pourrait trouver à Vienne des témoignages irrécusables de son vif désir de résoudre pacifiquement et au profit même de l'Autriche la question brûlante de la Vénétie.

Si l'on réfléchissait mieux encore, l'on se demanderait si celui qui, pendant que les autres souverains se promènent tranquillement dans leurs capitales, affronte chaque jour la mort au profit de leur sécurité, celui dont la poitrine a été tant de fois exposée aux poignards, qui a vu sa vie et celle des siens si souvent ménacées par les bombes et tous les autres engins préparés, lancés, dirigés par les sicaires du parti révolutionnaire européen, on se demanderait si celui-là peut avoir quoi que ce soit de commun avec ce parti, et s'il n'a pas lieu de désirer, s'il n'a pas même quelque droit à prétendre que les causes réelles qui rendent ce parti si puissant, si redoutable, soient écartées par une entente amicale mais efficace entre tous les souverains.

Mais, en supposant même pour un instant et par impossible que ces ferments de désordre profitent réellement à l'influence prépondérante de l'Empereur des Français, ne voit-on pas que le meilleur moyen de diminuer son influence, d'affaiblir sa puissance, que l'on semble redouter, serait précisément de faire disparaître ces ferments révolutionnaires en donnant satisfaction aux besoins populaires dont la compression cause tout le mal?

LETTRE QUATRIÈME

SOMMAIRE. Suite de la lettre précédente; — difficultés matérielles; — leur insignifiance; — la leçon du passé; — éventualités; — compensations territoriales; — l'entrevue de Kissingen. — La proposition de congrès par l'Empereur des Français; — sincérité de cette proposition; — opinion des puissances; — le congrès était-il possible? — défiances et préventions; — griefs des puissances contre la France, griefs de la France contre les puissances; — examen de ces griefs. — Attitude réservée de la France dans la question danoise; ses causes et ses résultats. — Véritable but de la substitution de la Conférence de Vienne à celle de Londres; — le principe des nationalités.

I

La deuxième difficulté à vaincre, avons-nous dit, consiste dans les compensations qu'il faudrait accorder à la Russie et à l'Autriche dans le cas où ces deux puissances, repoussant d'injustifiables suggestions et éclairées par l'évidence des faits, se prêteraient à faire d'elles-mêmes, à la paix générale, le sacrifice de la Pologne et de la Vénétie.

Cette difficulté, disons-le tout d'abord, est plus apparente que réelle. Une fois le principe admis, ce n'est pas la question des compensations, territoriales ou pécuniaires, qui pourrait être un obstacle sérieux; d'autant mieux que ces sacrifices seraient, — ainsi qu'il nous sera facile de le démontrer plus loin, — d'un incalculable avantage surtout pour la Russie.

Il est évident néanmoins que tant que le royaume de Pologne et la Vénétie sont entre les mains des gouvernements de Russie et d'Autriche, ceux-ci sont maîtres de la situation et peuvent imposer leurs conditions. C'est là une considération de plus, considération dont l'importance n'échappera à personne, qui devrait militer en faveur des résolutions spontanées que nous préconisons. Que si demain, au contraire, par un motif quelconque, à la suite d'une guerre générale ou d'un nouvel ébranlement révolutionnaire en Europe, ces gages venaient à leur être arrachés par la force ou seulement à se trouver sérieusement compromis, croit-on que ces gouvernements n'auraient pas lieu de regretter leur inaction et leur imprévoyance?

Supposons, par exemple, que l'Empereur des Français, poussé à bout et prenant au mot ceux qui lui en prêtent chaque jour l'intention secrète, — et l'on sait s'il est en France un parti qui le sollicite à recourir à ce moyen extrême dont il ne veut à aucun prix, — se mette à la tête des nations opprimées, de toutes les populations mécontentes, et déchaîne la guerre sur l'Europe; ou bien supposons encore que ce souverain, proclamé hier le restaurateur de l'ordre en Europe, le sauveur des monarchies, objet aujourd'hui de tant d'accusations, de tant de préventions diverses, vienne, — ce qu'à Dieu ne plaise, — à être la victime d'un de ces attentats dont les séides de la révolution sociale sont si prodigues, et que sa mort fût, — conséquence inévitable de ce déplorable événement, — le signal d'une révolution générale, procédant non plus en aveugle, comme en 1848 et 1849, mais avec cette entente admirable, cet art particulier dont Mazzini a fait toute une école, une science à part qui n'a pas de nom ; que pourraient alléguer alors pour leur défense ces hommes d'Etat qui, ayant encore en main la force, auraient obstinément fermé les yeux à l'évidence et les oreilles aux plus sages sollicitations ?

Ce ne sont là sans doute que de simples hypothèses, des dangers éventuels dont il est à espérer que la Providence voudra bien préserver l'Europe ; mais enfin nous ne pouvons oublier qu'en 1846 et 1847 aussi l'on traitait de rèves creux, de vaines utopies, de fantasmagories dont les gouvernements n'avaient pas à se préoccuper, ces agitations sourdes, ces mugissements populaires qui, partant de la Suisse, faisaient entendre dans toute l'Europe leurs sinistres échos. Nous ne pouvons pas oublier non plus que l'obstination de Louis-Philippe à ne pas faire une concession devenue indispensable a amené sa perte, et que l'honnête homme dont le but réel n'était que de forcer la main au vieux roi par une démonstration destinée à rester pacifique a fait depuis son acte de contrition pour avoir, sans s'en douter, contribué au renversement d'un trône qui avait toutes ses sympathies.

Les enseignements de l'histoire seront-ils donc toujours perdus pour ceux-là mèmes qui ont le plus d'intérêt à en profiter ? Et si parmi les souverains il en est un à qui ces enseignements profitent, faut-il pour cela que les autres monarques l'accusent d'arrière-pensées, de tendances révolutionnaires ?

Mais, nous objectera-t-on, ces transactions pacifiques entre souverains, en supposant qu'elles soient à l'avantage de ceux auxquels vous les conseillez, et c'est ce qui vous reste à nous démontrer, nécessitent raient des remaniements territoriaux; or, peut-on sérieusement y aboutir sans guerre? Cette objection, d'origine anglaise, a été faite par le comte Russell, lors de son refus hautain de la proposition du congrès, et au moment où, voyant le mécontentement qu'il s'était attiré de la part du cabinet des Tuileries par suite de sa conduite dans la question polonaise, il travaillait activement à rapprocher les cabinets de Saint-Pétersbourg et de Vienne dans un but évidemment hostile à son allié de la veille. Cette objection tombe aujourd'hui devant ce qui se passe sous nos yeux. L'Europe prend-elle les armes pour empêcher la séparation des duchés allemands du Danemark? Et à l'entrevue de Kissingen ne s'est-il pas agi de compensations territoriales à offrir au duc d'Augustenbourg, de création d'Etats nouveaux? Pourquoi ce qui se fait pour une question ne se ferait-il pas pour d'autres? Pourquoi l'entente qui s'établit entre trois souverains ne s'établirait-elle pas entre plusieurs?

II

C'est en partant de cet ordre d'idées que l'Empereur Napoléon a fait sa proposition de congrès. On sait comme on y a répondu. L'idée dominante à certaines cours a été que cette proposition n'était pas sincère; et c'est le sentiment de la défiance qui a prévalu. Ce sentiment à l'égard des mobiles secrets de la politique des Tuileries est trop général en Europe, il affecte trop directement les intérêts de la paix, il compromet trop sérieusement le succès des causes qui ont toutes nos sympathies, pour que nous ne nous en occupions pas un instant. La question, d'ailleurs, vaut bien la peine qu'on l'approfondisse.

Eh bien! nous le disons avec toute la franchise de nos convictions, nous qui avons suivi les actes de ce souverain depuis son avénement au trône jusqu'à ce jour, nous qui par goût et par une disposition naturelle de notre esprit, avons fait du caractère et de la politique de Napoléon III un objet spécial d'étude, en dehors de toute préoccupation exclusive et en nous plaçant au point de vue purement spéculatif, nous déclarons, au risque de nous faire passer pour ce que nous ne sommes pas, que cette défiance ne nous paraît nullement justifiée au fond. Nous nous l'expliquons, mais nous sommes persuadé que l'histoire ne la sanctionnera pas. Nous reconnaîtrons volontiers, par exemple, un tort à la politique impériale; mais ce n'est pas celui qu'on lui reproche généralement, ce serait plutôt de ne pas s'être suffisamment affirmée en maintes occasions. Lorsqu'on parle au nom d'une nation aussi puissante que la nation française, lorsqu'on s'appuie sur des forces aussi réelles que celles dont l'Empereur Napoléon dispose et qu'on a la conscience du bien que l'on veut et peut faire, l'on peut et l'on doit affirmer hautement, nettement, ses intentions et ses vues à la face du monde. La diplomatie, je le sais, n'a pas ces mâles allures, elle vit de ménagements, de tempéraments : mais de nos jours la meilleure diplomatie, à notre avis, est celle qui va droit au but. Pourquoi, par exemple, chaque fois que l'Empereur Napoléon parle lui-même en public, ses paroles, qui ont l'accent de la vérité, portent-elles partout la conviction et impressionnent-elles si fort, tandis que c'est le contraire qui se produit lorsque la défense de sa politique est confiée à des plumes officieuses dont le zèle est toujours excessif?

Nous sommes convaincu, quant à nous, que la proposition du congrès de la paix faite par ce souverain a été de sa part très-sincère. Il est, en effet, dans ses intérêts et par conséquent dans ses idées d'arriver à la solution des graves questions qui agitent l'Europe, par des voies pacifiques plutôt que par la guerre. Sur ce dernier terrain il ne pourra jamais atteindre la gloire de son oncle; sur le terrain de la paix, au contraire, il peut ambitionner une gloire nouvelle, une gloire sans précédent, bien plus réelle, bien plus profitable surtout à l'affermissement de sa dynastie, dont on voudra bien reconnaître qu'il peut très-légitimement se préoccuper. On argue à tort du peu de chances de succès qu'offrait la réunion du congrès pour démontrer que la proposition n'était pas sérieuse. Ici nous déclarons encore que nous sommes d'un avis tout à fait opposé. Lorsque tous les membres d'une réunion convoquée en vue d'un intérêt commun et majeur sont également pénétrés de la nécessité des mesures à prendre, des concessions réciproques à faire, nous ne voyons pas trop pourquoi une pareille réunion ne pourrait pas aboutir. Ne voyons-nous pas chaque jour d'honorables commerçants, dont une jalouse concurrence a longtemps épuisé les forces, se réunir et trouver dans des concessions réciproques les bases d'une vaste et puissante association qui se traduit ensuite pour chacun d'eux en un bénéfice considérable et inespéré? De nos jours où l'intérêt est le puissant mobile des actes des cabinets comme des individus, pourquoi ce qui réussit si bien chaque jour entre commerçants ne pourrait-il pas réussir aussi entre gouvernements? Ceux-ci seraient-ils moins intelligents ou moins soucieux de leurs véritables intérêts que ceux-là? C'est possible, mais alors l'accusation se serait trompée d'adresse, et ce n'est pas, on en conviendra, à celui qui a eu l'intelligente initiative d'une pareille proposition qu'il faudrait faire remonter la responsabilité de son insuccès.

Nous allons plus loin, et nous nous demandons à quelle occasion, dans quelle transaction l'Empereur des Français a failli à ses engagements ou manqué de parole envers ceux qui s'étaient fiés à lui. Il n'y a pas à parler de la guerre de Crimée, sur laquelle l'histoire a déjà prononcé son verdict et dont les conséquences n'ont pas été si défavorables, même pour la Russie, puisqu'elle y a trouvé les éléments de sa régénération sociale et politique. Il ne s'est pas élevé, que nous sachions, de la part d'aucun des alliés de la France dans cette guerre gigantesque, un seul reproche touchant la loyauté avec laquelle ont été scrupuleusement remplies par le gouvernement impérial toutes les stipulations contractées, et quant à ceux qui étaient alors ses adversaires, il a su, de leur propre aveu, maintenir et grandir, si c'est possible, sur le champ de bataille l'ancienne réputation chevaleresque de la France. Tous les principes de l'humanité et du droit public moderne en temps de guerre ont été respectés, réhabilités même, au point de rendre plus frappante la manière dont les Prussiens viennent de se comporter en Danemark. Lors de la conclusion de la paix, nous ne croyons pas que la Russie ait eu non plus à se plaindre de l'esprit de haute impartialité que le comte Walewski, interprète des idées de son souverain, a su faire présider aux délibérations du Congrès, ainsi que de l'accueil que ses plénipotentiaires ont trouvé à Paris. Dans la guerre d'Italie, les faits sont là pour attester l'éminente loyauté avec laquelle l'Empereur Napoléon s'est comporté vis-à-vis des Italiens, tant sur le champ de bataille que lors des transactions qui leur ont donné la Lombardie. S'il n'a pas pu réaliser tout son programme, la faute, on le sait aujourd'hui, n'en est pas à lui. Il en a fait l'aveu publiquement, tout en taisant, par un esprit de haute convenanee dont on devrait lui savoir plus de gré, le véritable motif de sa sage résolution. On lui reproche, il est vrai, à Vienne, de n'avoir pas fait respecter davantage par les Italiens les stipulations du traité de Zurich ; mais pouvait-on sérieusement prétendre que les troupes françaises qui venaient de délivrer l'Italie, fussent employées à restaurer par la force des princes que la volonté nationale venait de détrôner et qui avaient combattu contre elles dans les rangs de leurs ennemis? La conduite du cabinet des Tuileries dans la question de Pologne a vivement irrité le gouvernement de Saint-Pétersbourg. Cela se comprend; mais si l'on veut être juste, l'on reconnaîtra qu'il n'y a pas un gouvernement en France qui, à moins de vouloir courir à sa perte, puisse rester inactif devant la Pologne soulevée, le gouvernement impérial moins que tout autre. Le tout est de savoir si l'attitude prise par la France dans la question a eu lieu de surprendre le cabinet de Saint-Pétersbourg ; si celui-ci n'y a pas été au contraire préparé de longue main par des avis dont la nature amicale et courtoise, justifiée par l'intimité des relations alors existantes entre les deux cours, ne diminuait en rien l'insistance; si ces avis, toujours bien accueillis depuis le Congrès de Paris, ne furent pas successivement réitérés jusqu'au jour où, revêtant enfin une forme plus amicale encore et plus précise, — celle d'une démarche directe de souverain à souverain, — n'aboutirent pas à une fin de non-recevoir trop précipitée dans son expression pour n'avoir point été, sans doute, regrettée depuis des deux côtés.

III

Nous avons déjà exprimé notre pensée à l'égard de l'acte important du cabinet des Tuileries qui a succédé à son intervention en faveur de la Pologne, c'est-à-dire la proposition du congrès. Depuis lors la politique impériale s'est recueillie. Est-ce son attitude pleine de réserve dans la question des duchés qui peut fournir des motifs de défiance ? Pour tout esprit sérieux cette attitude, au point de vue purement politique, sera un des plus beaux titres de la diplomatie francaise. La question des duchés impliquait pour la France deux intérêts opposés qui s'excluaient l'un l'autre : d'une part, la cause de l'intégrité du Danemark dont la défense est dans les traditions de la politique française ; de l'autre, la cause des nationalités, origine et but de la guerre entreprise par l'Allemagne, et qui constitue un des éléments non moins essentiels de la politique de la France. Sachant qu'un gouvernement se repent toujours d'avoir violé un de ses principes, le cabinet des Tuileries n'avait d'autre voie à suivre que celle de l'abstention. Il y a persisté malgré les sollicitations pressantes, captieuses même par moments, qui lui sont venues de Londres ; il y a persisté d'autant plus opiniâtrement que cette abstention était en même temps une réponse victorieuse à ceux qui l'accusaient de vouloir monopoliser à son profit la direction des affaires européennes.

Pourtant, avouons-le, cette abstention du gouvernement impérial, au lieu de lui attirer la sympathie et la déférence des autres cabinets, n'a fait au contraire qu'accroître leur défiance. Loin d'admettre les motifs qui l'y avaient décidé et dont il ne fit mystère à personne, on chercha à l'expliquer par toutes sortes de raisons, les unes audacieuses, les autres puériles. C'est ainsi que les uns l'attribuèrent à des arrière-pensées de revendication ajournée sur les provinces du Rhin, et que d'autres y virent une contre-partie assez bien jouée, une revanche de l'abandon où l'Angleterre avait laissé la France dans la question de Pologne. Ces interprétations, qui empruntaient une certaine vraisemblance à la nature même des choses et auxquelles tout gouvernement est exposé, n'auraient ici rien de surprenant si elles ne dénotaient de la part de quelques-uns des cabinets et d'une certaine partie du public européen, la déplorable habitude, érigée en système, de prendre toujours et en tout le contre-pied des déclarations du cabinet impérial et de chercher pour les interpréter, comme on dit vulgairement, midi à quatorze heures.

Il y a plus : en nous livrant à un examen impartial et sans vouloir le moins du monde récriminer,— notre but est tout autre,— nous trouverons que le reproche de manque de sincérité dans les engagements pris est adressé en France, et peut-être même avec plus de fondement, à ceux qui, à tour de rôle, ont été dans ces différentes questions les alliés de la France, et que le sentiment de défiance serait en tout cas plus légitime à Paris qu'à Londres et à Vienne.

N'est-ce pas parce que la Prusse a empêché la Russie d'exécuter en temps opportun les arrangements de Varsovie que l'Empereur des Français a dû s'arrêter à moitié chemin en Italie et traiter à Villafranca, au lieu de conclure la paix à Venise? Dans la question de Pologne, l'Autriche, qui n'y était poussée par aucune excitation de l'opinion chez elle, n'a-t-elle pas été plus agressive contre la Russie que la France, et n'a-t-elle pas à la dernière heure laissé la France seule vis-à-vis du ressentiment de la Russie, de laquelle elle cherchait déjà sous main à se rapprocher? L'Angleterre n'a-t-elle pas plus odieusement encore abandonné la France au moment le plus décisif? Dans l'expédition du Mexique, entreprise à trois, la France n'a-t-elle pas encore été abandonnée par l'Angleterre et par l'Espagne, malgré des engagements solennels? Enfin, n'est-ce pas par suite de l'indécision du gouvernement russe et de l'inquiète jalousie du cabinet de Londres que la France a dû, à peu près, renoncer à l'expédition de Syrie entreprise pourtant du consentement et au nom de l'Europe entière, dans un intérêt purement humanitaire, commun à toute la chrétienté?

IV

La liste serait longue si nous devions articuler tous les griefs que le cabinet des Tuileries pourrait avoir à formuler contre ceux qui, à Londres et à Vienne, propagent à son égard une défiance calculée et d'injustifiables préventions. Nous ne la pousserons pas plus loin, car notre but n'est pas de défendre la politique impériale, mais, par des considérations que notre qualité de spectateur impartial rend calmes et réfléchies, de jeter quelque lumière sur une situation qui nous paraît se compliquer chaque jour davantage et d'où peuvent sortir, à un moment donné, les plus graves complications. Et sous ce rapport, nous ne pouvons que regretter que la Conférence pour les affaires des duchés ait été transférée de Londres à Vienne. Nous craignons que l'idée qui a présidé à cette substitution ait été plutôt dirigée contre le principe des nationalités, — lequel, si la question eût été résolue à Londres, allait recevoir une nouvelle consécration, — que dans l'intérêt d'une prompte conclusion de la paix. La paix est faite aujourd'hui, et si nous en croyons les journaux qui nous en apportent les conditions, l'Allemagne comptera dorénavant dans son sein des populations danoises, tout comme le Danemark comptait auparavant dans le sien des populations allemandes. Ne voit-on pas que c'est là un déplacement, mais non pas une solution de la question? Ne voit-on pas qu'on a commis à Vienne, mais en sens inverse, la même faute qui fut commise par les protocoles de Londres, et que les puissances se sont préparé ainsi pour l'avenir une nouvelle besogne? Par les mêmes raisons que les populations allemandes du Danemark ont voulu s'annexer à l'Allemagne, les populations danoises de l'Allemagne voudront tôt ou tard se réannexer au Danemark.

Le cabinet des Tuileries, en se prononcant pour la séparation d'après les nationalités et les vœux des populations, avait indiqué la seule solution pratique et rationnelle de la question. A-t-on voulu échapper à ce mode de solution et prévenir un nouveau succès de la politique impériale? Est-ce pour cela que la Conférence a été transférée de Londres à Vienne et la paix bâclée en toute hâte entre les adversaires seulement?

Est-ce pour cela que la Confédération, partie intéressée pourtant au premier chef, a vu exclure de la Conférence son représentant, qui, on se le rappelle, avait demandé que les populations fussent consultées par voie de suffrage et était passé par Paris en revenant de Londres? Si c'est pour aboutir à une aussi mesquine satisfaction d'amour-propre, à un acte aussi puérilement hostile, que l'on s'est donné tant de mal, ce dont nous aimons à douter, tout homme politique sérieux, habitué à voir les choses de haut, ne pourra que déplorer que des inspirations aussi étroites se mêlent au règlement des grandes affaires politiques.

Si c'est là qu'en sont les hommes d'Etat de l'Europe, nous ne pouvons, l'histoire en main, que leur prédire les plus grands déboires. Le principe des nationalités les effraye parce qu'ils n'en comprennent pas toute l'utilité et tous les avantages au point de vue de la paix et de l'ordre européen; ils ne voient pas que la force de ce principe est dans la frayeur même qu'il leur inspire. De même que le régime constitutionnel a triomphé des animosités bien autrement vives et puissantes qu'il avait soulevées contre lui, de même ce principe triomphera des obstacles que ces hommes d'Etat croient pouvoir lui opposer.

LETTRE CINQUIÈME

SOMMAIRE : Seul moyen de rendre la paix stable en Europe ; — véritables causes du mal ; — remèdes ; — examen de la question de Pologne ; — erreurs de la presse française sur les premiers partages ; — leur véritable auteur ; — d'où date pour la Russie sa part de responsabilité ; — faute fatale d'Alexandre Ier ; — conséquences de cette faute pour ses héritiers ; — système logique de Nicolas Ier. — L'Empereur Alexandre II ; — qualités personnelles de ce souverain ; — sa politique ; — son plan par rapport à la Pologne ; — ce qui l'a fait échouer ; — fautes commises ; — origine des sympathies du public russe pour la Pologne ; — violente réaction ; — causes et conséquences de cette réaction. — Le parti allemand en Russie ; son but, ses efforts ; — le prince Gortchakov : — opinion de cet homme d'Etat sur l'alliance de la Russie avec la France ; — les deux plus beaux actes de la politique russe ; — impuissance du parti allemand ; — réformes que l'Empereur Alexandre II veut accomplir en Russie ; — son besoin légitime de paix ; — ce qui s'y oppose.

I

Nous avons déjà indiqué les points sur lesquels les grands gouvernements de l'Europe sont d'accord. Récapitulons-les ; ce sont : 1° que les principes et les traités établis par l'ancien pacte européen de 1815 ne répondent plus aux besoins de l'époque ; 2° qu'il n'y aura pas de paix possible en Europe aussi longtemps que les ferments révolutionnaires n'auront pas disparu ; 3° qu'une paix solide, durable, est un besoin urgent pour les gouvernements comme pour les peuples. Nous avons dit également que le seul point sur lequel l'accord cesse et où commence la divergence, c'est celui des moyens à employer pour faire disparaître ces ferments révolutionnaires. En d'autres mots, tout le monde est d'accord pour reconnaître le mal, mais cet accord cesse dès qu'il s'agit de s'entendre sur le remède.

A Paris, à Londres, à Turin, à Bruxelles, à Lisbonne, on pense que les ferments révolutionnaires n'ont été, ne sont et ne seront jamais que des effets purement extérieurs, dont la cause doit être recherchée dans les obstacles qui, chez quelques peuples parvenus à un certain degré de civilisation, s'opposent encore à leur libre et normal développement; on croit que ces obstacles, par une trop longue pression exercée sur les aspirations nationales, provoquent au dehors un épanchement de toutes les forces vitales du peuple qui les subit; on croit encore que de même qu'un corps étranger, en comprimant un de nos organes, y arrête la libre circulation du sang, jette la perturbation dans tout notre organisme et provoque à l'extérieur l'irritation d'abord, puis l'inflammation, et enfin la fièvre, qui ne sont que les effets du mal local, de même ce qu'on a appelé jadis la démagogie, ce qu'on appelle aujourd'hui « la révolution cosmopolite » n'est que l'effet extérieur, dont toute l'Europe se ressent, de ces deux maladies locales qui se nomment la Pologne et la Vénétie; on croit enfin qu'Italiens et Polonais chercheront toujours à se débarrasser du joug étranger qui pèse sur eux, — et que conséquemment le seul moyen d'établir l'ordre, l'équilibre et la paix sur des bases stables, c'est de replacer ces deux parties importantes de l'organisme politique de l'Europe dans leur état normal ; c'est, en un mot, de rendre ces nations à elles-mêmes.

A Saint-Pétersbourg, à Vienne et à Berlin on n'est pas de cet avis. On y compte pouvoir parvenir aux mêmes résultats satisfaisants par d'autres mesures moins radicales. A Saint-Pétersbourg, notamment, on croit encore à la possibilité d'une réconciliation de la Pologne avec la Russie sur le terrain des concessions libérales ; mais dans le cas où cette réconciliation serait reconnue impraticable, plutôt que de tailler dans le vif on y paraît décidé à recourir au moyen extrême de la compression violente, comme du temps de l'Empereur Nicolas.

Examinons donc ces moyens.

Pour mieux les juger, nous allons jeter un coup d'œil sur l'ensemble de cette question polonaise, si peu connue encore à l'heure qu'il est, malgré ce qui en a été dit dernièrement par les uns et par les autres, et nous laisserons de côté celle de la Vénétie, qui n'est en quelque sorte qu'un corollaire de la première (1).

Nous nous placerons dans cet examen, — nous devons le dire, — au point de vue exclusivement russe, car notre but n'est pas d'attester combien l'indépendance de la Pologne est dans les vœux de toute l'Europe, ce que tout le monde sait, mais de prouver au contraire que cette indépendance est dans les intérêts les plus directs, les plus vitaux de la Russie, qu'elle seule peut l'accomplir, et que, tôt ou tard, elle l'accomplira. Cela est moins connu.

(1) La question de Pologne — seul obstacle à une alliance stable et intime entre la France et la Russie — une fois résolue, il ne se passerait pas un an sans que la Vénétie retournât à l'Italie.

Il serait souverainement injuste de faire retomber sur le gouvernement actuel de la Russie la responsabilité de l'asservissement de la Pologne. Malheureusement, dans l'héritage des souverains, les fautes de leurs prédécesseurs comptent beaucoup plus encore que leurs actes les plus sages. Nous devons ajouter toutefois, à la décharge des empereurs de Russie et pour rester dans la vérité historique, que cette plaie béante que la Russie porte à ses flancs et qui se nomme Pologne ne lui a même pas été léguée par l'impératrice Catherine, comme on le suppose généralement. L'idée du partage de la Pologne n'a jamais été une idée russe; c'est une idée prussienne. Il est démontré aujourd'hui que Marie-Thérèse et Catherine II ne l'adoptèrent que sur les pressantes instances de Frédéric II. Mais ce qui est plus frappant encore, ce qui renverse complétement les idées généralement admises en France à ce sujet, et répandues par des écrivains pour lesquels l'histoire des pays étrangers est trop souvent lettre close, c'est ce fait historique encore peu connu, savoir qu'en 1772 Catherine II n'a que repris à la Pologne une partie des territoires que la Pologne avait enlevés à la Russie, et notamment la Russie Blanche; qu'en 1793, lors du deuxième partage, la Russie n'a fait que réoccuper ses anciennes principautés de Tourov et Pinsk. une partie de celle de Vladimir-Volhynsk et les principautés apanagées de Kiev, ce berceau sacré de la nationalité russe; et qu'enfin même le troisième partage de 1795 n'a fait qu'incorporer à la Russie la Lithuanie, anciennement vassale des princes russes de Polotsk, dont une partie est habitée par des Russes et dont l'autre, si elle n'est pas russe par sa population, n'est pas non plus polonaise ; en un mot, qu'après les trois partages pas une parcelle de terre réellement polonaise n'a été prise par la Russie, tandis que la Pologne proprement dite a passé tout entière à la Prusse et à l'Autriche.

Ce n'est, à vrai dire, que des traités de 1815 que date, pour la Russie, le crime du démembrement de la Pologne, et ce crime, comme nous allons le voir, c'est pour avoir voulu trop l'empêcher que la Russie s'en est rendue complice, et que cette complicité l'a amenée à en supporter à elle seule la lourde et fatale responsabilité. C'est en 1815, en effet, qu'une portion de la vraie Pologne, — le grand duché de Varsovie, formé en 1807 par l'Empereur Napoléon aux dépens de la Prusse et de l'Autriche, — fut *pour la première fois* réunie à la Russie. La Grande-Pologne fut alors annexée à la Prusse en même temps que la Petite-Pologne était incorporée à l'Autriche, qui obtint plus tard, comme on sait, la république de Cracovie, ce dernier vestige de l'indépendance polonaise.

On a donc tort, comme on le voit, de faire remonter à l'impératrice Catherine la destruction de la nationalité polonaise. L'anéantissement de cette nationalité, inquiète, turbulente, il faut bien le reconnaître, toujours en guerre civile ou en lutte avec ses voisins, était devenue l'idée fixe des hommes de 1815; aussi le grand reproche que les libéraux russes adressent à l'Empereur Alexandre Ier, c'est d'avoir plutôt suivi l'élan de son cœur que consulté les intérêts de son pays, en se constituant seul à Vienne et contre tous le défenseur de cette nationalité (1). Les libéraux russes

(1) « L'Empereur Alexandre était résolu non-seulement à doter la

ont raison. En effet, si l'Empereur Alexandre, cédant moins à de mystiques influences et s'inspirant davantage du génie de Catherine, se fût contenté de réserver à la Russie les territoires que les Polonais lui avaient enlevés au moment de leurs triomphes et que cette impératrice lui avait en partie reconquis, il aurait laissé à la Prusse et à l'Autriche tout l'odieux du démembrement de la Pologne. Au lieu de suivre cet exemple souverainement politique, l'Empereur Alexandre, cédant à un élan de son cœur chevaleresque, s'est constitué le champion de cette nationalité qu'il voyait disparaître victime de la vengeance des uns (1), de la convoitise des autres, autant que de ses propres fautes..... « Je veux régénérer la Pologne, s'était-il écrié, parce que c'est le vœu de mon cœur. Je sais les obstacles qui m'attendent, mais j'es-

Pologne d'une existence constitutionnelle autonome, mais encore à y joindre avec le temps une partie des provinces russes revendiquées par les Polonais, afin de fonder l'union indissoluble des deux pays sur l'affection..... »

(*La Pologne, son passé et son avenir*)

Ce projet de l'Empereur Alexandre fut combattu dans des mémoires devenus célèbres par les plus grandes sommités patriotiques russes, qui voyaient dans l'annexion d'un royaume de Pologne à la Russie la plus grande calamité pour leur pays.

(1) On sait qu'un des motifs de la persistance des hommes d'Etat de 1815 de faire disparaître jusqu'au nom de la Pologne fut le puissant concours que les Polonais prêtèrent à Napoléon Ier.

« . . . . . Le rétablissement de la Pologne, écrivait lord Castlereagh, imposerait de si grands sacrifices aux trois cours, que jamais le cabinet britannique n'aurait songé à en faire la proposition; le seul moyen, à mon avis, de prévenir de nouveaux troubles, était de persévérer dans le système du partage » Et il lui semblait qu'aucune puissance ne devait désirer plus que la Russie le maintien de ce système. Mais tous ces obstacles n'ébranlèrent pas la ferme résolution de l'Empereur Alexandre.

père atteindre mon but. » Il ne réfléchit pas, cet excellent prince, que ce but, il ne pouvait pas l'atteindre, non à cause des obstacles qui lui étaient opposés dans le moment par ses copartageants, mais à cause de ceux qu'il se créait à lui-même dans l'avenir. Il ne réfléchit pas que les libertés constitutionnelles dont il allait doter la Pologne étaient incompatibles avec l'asservissement auquel il était forcé de la réduire par le fait, en en faisant une dépendance de la Russie, incompatibles encore avec ses devoirs de souverain russe et son titre d'*autocrate*. Il ne réfléchit pas, — et dans ce temps-là pouvait-on comprendre ces sortes de choses? — qu'en unissant à la Russie ce duché qui comprenait la capitale, c'est-à-dire le cœur de la Pologne, il condamnait la Russie à ressentir plus directement, plus vivement que l'Autriche et la Prusse toutes les agitations, toutes les vibrations, toutes les commotions par lesquelles le principe vital d'une nation dont le besoin est d'être indépendante se perpétue même dans ses parties violemment disjointes. Il ne réfléchit pas que ce besoin d'une vie propre dont la nation polonaise avait toujours été animée, et qu'il allait rendre plus vivace encore en la reconstituant, devait nécessairement se manifester tôt ou tard, et qu'il se préparait ainsi, à lui ou à ses successeurs, la tâche la plus ardue, la plus ingrate, celle de devoir défaire un jour ce qu'il avait fait, soit en donnant satisfaction à ce besoin, soit en le comprimant. C'est ce qui est arrivé. Vers les dernières années de son règne, Alexandre Ier, revenu peu à peu de ses illusions, s'est vu dans l'impossibilité de pousser jusqu'au bout son œuvre de régénération de la Pologne. Forcé par une dure expérience de s'avouer que, pour être un bon roi de Pologne, il devait être un mauvais Empereur de Russie, il a préféré être bon souverain russe, et certes ce n'est pas de cette préférence qu'on peut lui faire un grief; ce qu'on doit lui reprocher, c'est de ne pas s'être aperçu aussi qu'un bon souverain russe ne peut pas faire un bon roi de Pologne, c'est de n'être pas allé jusqu'au bout, de n'avoir pas renoncé dès lors à la seconde de ces deux couronnes dont la réunion sur une même tête est une impossibilité, un danger, une calamité pour les deux nations.

Héritier des fautes de son prédécesseur et appelé dès son avénement à réprimer l'insurrection de 1831, l'Empereur Nicolas n'était pas homme à comprendre cette impossibilité. Fait tout d'une pièce, soldat avant tout, ne connaissant qu'une chose, — la discipline et l'obéissance aveugle à l'autorité, — ce souverain, envers lequel ses contemporains, même dans son pays, se sont peut-être montrés trop sévères (1), ne pouvait agir au-

(1) Ce n'est pas nous assurément qui nous constituerons le défenseur de la politique de Nicolas Ier. Néanmoins la vérité historique exige que nous racontions ici trois anecdotes qui, placées à côté des actes politiques qui l'ont fait juger comme souverain, serviront à le faire apprécier avec impartialité comme homme.

Le jour où son fils, l'Empereur Alexandre, aujourd'hui régnant, achevait son cours d'études, l'Empereur Nicolas fut invité par les professeurs de son fils, à la tête desquels se trouvait le célèbre poete Joukovsky, à assister aux examens. Ces examens ayant été terminés d'une manière très-satisfaisante, les professeurs invitèrent l'Empereur Nicolas à adresser à son tour des questions a leur éleve. A cette demande, l'Empereur Nicolas bondit de son fauteuil, et se jetant dans les bras de son fils, l'arrose de ses larmes et lui balbutie à l'oreille ces paroles qui méritent d'être méditées : « Oh ! mon fils, que tu es heureux ! tu n'auras jamais, toi, du moins, à rougir devant des professeurs. Ils me demandent de t'interroger; les malheureux ! ils ne savent pas que je n'ai jamais rien appris. »

On connaît, en effet, la regrettable influence qui, grâce à l'Empetrement qu'il ne l'a fait. Il fut d'avis que le seul moyen pour la Russie de conserver la Pologne, c'était la compression, et sous ce rapport il ne se trompait pas. Une

reur Paul, présida à l'éducation de Nicolas. On allait jusqu'à lui séquestrer tout livre ; par contre, on l'entoura, dès son enfance, de tout ce qui pouvait lui donner du goût pour la vie militaire..... à la prussienne. Quoi d'étonnant, après cela, que ce qui avait été l'unique occupation de l'enfant devînt plus tard la principale préoccupation du souverain ?

Un autre jour, le ministre de la justice rapportait à la sanction de l'Empereur Nicolas le verdict du Sénat qui condamnait un simple paysan-serf à une peine sévère pour avoir tué son maître dans les circonstances suivantes. Ce maître, propriétaire barbare, comme il y en avait quelques-uns dans le bon vieux temps en Russie avant l'émancipation des serfs, qui passait sa vie à la chasse, était sorti un jour avec sa meute et ses valets. A la lisière du bois se trouvait un jeune enfant d'environ dix ans qui jouait avec une houssine. L'un des chiens de la meute s'étant mis à aboyer à l'enfant, celui-ci, effrayé, se défendit avec sa houssine. « Ah ! maudit paysan, s'écria le brutal propriétaire, tu te permets de toucher à mes chiens ! » Et aussitôt il excite contre lui sa meute, qui, en un clin d'œil, met l'enfant en pièces. A quelques pas de là se trouvait le père de l'enfant, bûcheron de profession, occupé à tailler du bois dans la forêt. Ayant vu ce qui s'était passé, il arrive droit sur son seigneur et d'un coup de hâche l'étend roide mort à ses pieds.

Ayant pris connaissance de l'affaire, l'Empereur Nicolas biffa le prononcé du Sénat et y substitua ces mots : « Celui qui mène une vie de chien n'a qu'à mourir comme un chien, » et le paysan ne fut condamné qu'à aller passer quelques mois dans un pénitencier.

Une autre fois encore, l'Empereur Nicolas, traversant la perspective de Nevsky en simple *drojki* attelé d'un cheval, rencontra un misérable corbillard traîné par deux haridelles et que personne ne suivait. C'était un pauvre employé qui n'avait même pas laissé de quoi payer ses funérailles et qui s'en allait à sa dernière demeure dans le même abandon où il avait vécu. Aussitôt l'Empereur Nicolas saute à bas de son *drojki* et, la tête découverte, se met à suivre à pied le corbillard du pauvre. On peut s'imaginer si quelques minutes après le cortége s'était grossi.

De pareils faits, qui peignent l'homme, ne doivent-ils pas entrer en ligne de compte lorsqu'il s'agit de juger le souverain ?

fois entré dans cette voie, son caractère absolu devait l'y pousser jusqu'au bout, surtout avec un ministre tel que le comte Nesselrode, qui, disciple du prince de Metternich et tout dévoué à la politique allemande, n'avait de russe ni le nom, ni le langage, ni l'esprit, ni le cœur, et ne comprenait pas qu'il y eût une Russie possible en dehors du despotisme militaire.

II

C'est avec de tout autres sentiments et de tout autres idées que l'Empereur Alexandre II est monté sur le trône. Poussant le respect pour la mémoire de son père jusqu'à la vénération, et ressemblant à son oncle par plus d'un côté; naturellement porté à la clémence, et témoin, pendant la guerre de Crimée, des résultats négatifs auxquels peut aboutir la toute-puissance d'un monarque lorsqu'elle a contre elle l'opinion, Alexandre II s'est imposé une tâche difficile, mais glorieuse, qu'à cause de ses difficultés mêmes, il est du devoir de tout homme de bien de l'aider à mener à bonne fin. Ayant conscience de la faute commise par ses deux prédécesseurs, — celle de Nicolas Ier ne fut pourtant que la conséquence forcée de celle d'Alexandre Ier, — il s'est proposé de diriger sa politique, dans la question de Pologne, entre les deux écueils contre lesquels les intentions généreuses du premier et le système compressif du second avaient également échoué. Il s'est dit que ce qui avait empêché Alexandre Ier de réussir dans ses projets de réconciliation entre la nation polonaise et la nation russe, c'est l'impossibilité où il s'était trouvé d'être simultanément souverain constitutionnel de la Pologne et souverain absolu de la Russie peu préparée alors au régime représentatif; mais que cette impossibilité disparaîtrait du moment où la nation russe, qui avait fait depuis 1815 de notables progrès dans la voie de la civilisation, se trouvant dotée d'institutions représentatives, serait placée sur un pied de parfaite égalité avec la nation polonaise. Fort de cette pensée, l'Empereur Alexandre II se mit à l'œuvre avec une remarquable énergie pour accomplir en peu de temps en Russie toutes les réformes dont le besoin la tenait encore à distance de la Pologne, et qui étaient le prélude indispensable au régime représentatif. C'est ainsi qu'il débuta par la grande réforme de l'émancipation, la plus importante de toutes, et qu'il entreprit simultanément la réforme judiciaire avec l'établissement du jury, la réforme des impôts, et enfin celle des institutions provinciales, véritable représentation populaire plus libérale que celle des états généraux. En même temps il accordait peu à peu à la Pologne des concessions sagement mesurées de manière que les deux nations arrivassent ensemble à ce point où une Constitution commune pourrait leur être octroyée.

On doit reconnaître que ce plan ne manquait ni de sagesse, ni de profondeur. Bien des esprits sérieux ont pû être convaincus de son efficacité. Malheureusement, — l'expérience ne l'a que trop prouvé, — il péchait par la base. La réconciliation, l'union entre la Pologne et la Russie, idée que nous avons caressée nous-même un instant, était impossible.

Nous allons voir par quel concours de circonstances, par quelle série de fautes involontaires, d'événements imprévus, cette impossibilité, qu'on ne reconnaît pas encore à Saint-Pétersbourg, devait se manifester.

Le nom de l'Empereur Alexandre était cher aux Polonais, d'autant plus cher que, sous l'Empereur Nicolas, Alexandre II avait toujours été auprès de lui le généreux et souvent utile défenseur des Polonais condamnés à la déportation en Sibérie.

Toute qualité a son défaut; la bonté de cœur de l'Empereur Alexandre a le sien; il veut toujours paraître moins bon qu'il ne l'est en réalité, et voilà pourtant à quelles petites causes tiennent souvent les destinées des peuples. C'est en effet cette dureté apparente, cette crainte de paraître faible qui fit prononcer à ce souverain, la première fois qu'il se rendit à Varsovie, après son couronnement, ces paroles à jamais regrettables. « Point de rêveries ; ce que mon père a fait a été bien fait (1), » paroles qui, tombant de si haut sur les imaginations, pleines d'espérance, des Polonais, glacèrent net leur enthousiasme et leur firent croire que, de la part de la Russie, il n'y avait plus rien à attendre, et que la Pologne ne pouvait désormais espérer son salut que de ses propres efforts.

C'est bien à ces paroles, en effet, qu'il faut faire remonter l'origine première de l'insurrection polonaise de 1862. Le choix de Varsovie pour l'entrevue des trois souverains copartageants de la Pologne, quelque insignifiante que cette entrevue ait été par ses résultats, fut encore une faute non moins regrettable.

Pourtant, au moment même où l'Empereur Alexandre tenait aux Polonais ce langage sévère, toute son attention était en réalité appliquée à donner satisfaction à une partie du moins de leurs légitimes récla-

(1) Ce fut dès lors, on se le rappellera, que commencèrent les manifestations hostiles dans les rues de Varsovie.

mations. Le jour même de son couronnement et en présence du vénérable comte Kisselev, ambassadeur de Russie à Paris, il chargeait le comte Bloudov, membre du conseil de l'empire et président de la section des lois à la chancellerie particulière de Sa Majesté, de préparer incontinent un projet de Constitution pour la Pologne ; mais la lenteur proverbiale avec laquelle les meilleures intentions du souverain sont toujours exécutées en Russie, et le mystère dans lequel, par un reste de cette ancienne et fausse politique allemande, on croit devoir encore renfermer ces intentions, sur lesquelles il est au contraire indispensable d'appeler le grand jour de la publicité, laissèrent se développer sans contre-poids ni correctif les impressions fâcheuses qui venaient d'être produites en Pologne. Celles-ci devinrent alors un instrument d'autant plus facile entre les mains des hommes d'action du parti de l'émigration, qu'à la suite de l'amnistie générale par laquelle l'Empereur Alexandre avait inauguré son règne, la plupart d'entre eux étaient rentrés dans le royaume, et qu'un changement complet venait d'être introduit dans le régime de la police. Ainsi, tandis que d'un côté on avait déclaré ouvertement aux Polonais que le système de Nicolas Ier serait maintenu, de l'autre on se préparait secrètement à le remplacer, et on lui enlevait ce qui seul pouvait le maintenir debout, c'est-à-dire l'arbitraire. C'est précisément le contraire qu'il eût fallu faire. Les peuples, — on l'a dit avant nous, — sont de grands enfants, et l'on peut bien les gouverner avec des hochets, mais à une seule condition, c'est qu'on ne leur laissera jamais s'apercevoir qu'on les traite en enfants. Ils vous pardonneront la dictature, du moment que par vos communications ils se croiront de moitié dans vos confidences ; ils se révolteront contre vos réticences, lors même qu'elles auront pour but leur liberté. La nature de l'homme est ainsi faite, qu'il ne veut pas d'un bonheur auquel il ne croit pas avoir concouru.

Quoi qu'il en soit, le régime politique avait tellement changé en Pologne ainsi que dans tout l'Empire, les intentions de l'Empereur Alexandre étaient tellement sincères, son horreur pour l'arbitraire était si réelle, que non-seulement les premières manifestations de l'insurrection trouvèrent les autorités russes de Varsovie complétement désarmées, mais que les instructions qui leur furent envoyées au début leur prescrivaient de ne pas s'opposer par la force à ces manifestations. Enhardis par ce premier succès et par la conduite plus que débonnaire du lieutenant de l'Empereur à Varsovie, les meneurs de l'insurrection crurent pouvoir tout oser. Les soldats russes, rangés en bataille sur la place du palais, se virent publiquement insultés par la populace, et, fidèles à leur consigne, restèrent impassibles, l'arme au bras. L'étonnement des Polonais dans les premiers jours de l'insurrection avait été si grand en voyant l'autorité supérieure accorder tout ce qu'ils lui demandaient pour leurs processions pacifiques, qu'ils purent s'écrier un jour : « Ce n'est que cela ! ah ! si nous l'avions su, nous aurions demandé les clefs de la forteresse, et on nous les aurait données (1). « Il n'en fallait pas davantage pour faire croire à l'imagination toujours exaltée des Polo-

(1) On sait que cette forteresse, construite de l'autre côté de la Vistule, et fortifiée par Nicolas, commande la ville au point que celui qui la possède est maître de Varsovie.

nais que l'heure de la délivrance définitive avait sonné. Sous l'empire d'une pareille conviction, quelle valeur pouvaient-ils attacher, nous le demandons, aux promesses, aux commencements même de concessions libérales qui leur venaient de Saint-Pétersbourg? Le mot d'ordre des Polonais était : « Indépendance; » le mot d'ordre du gouvernement russe était : « Réformes progressives. » Lorsque de part et d'autre les intentions sont si différentes, l'accord est-il possible? Le gouvernement russe avait perdu, à l'avénement de l'Empereur Alexandre, le seul moment opportun pour une réconciliation, pour une union entre la Pologne et la Russie; les Polonais allaient perdre de leur côté, par leurs folles et irréalisables revendications, la seule occasion propice pour assurer de suite leur autonomie et préparer leur indépendance future.

Nous avons dit qu'en Russie l'opinion était favorable aux Polonais; elle l'était à tel point que, même lors des premières manifestations insurrectionnelles de Varsovie, les journaux libéraux russes, et, à quelques nuances près, ils le sont tous, ne cachèrent point leurs sympathies polonaises, qui, sans la censure, eussent encore été plus expressives. Cette tendance de l'opinion russe n'était pas l'effet du hasard; elle n'était même pas produite par ce réveil de l'esprit libéral qu'avait provoqué le nouveau règne dans les hautes sphères gouvernementales; elle était le résultat d'un long travail souterrain qui, commencé dans le domaine de la littérature par cette ancienne école de Moscou dont le but était l'union libre, la fédération amicale de toutes les branches de la grande famille slave, continué sous l'Empereur Nicolas, avait pris, dans les dernières années du règne de ce souverain, des proportions considérables, et amené une entente commune pour atteindre le but auquel Russes et Polonais aspiraient également, — la liberté.

De plus, les Russes, dont le caractère est loin d'être rancunier, ne pouvaient en vouloir aux Polonais de leurs efforts pour reconquérir leur indépendance nationale, vu que leur propre histoire n'est que le récit des luttes héroïques qu'ils ont soutenues eux-mêmes pour secouer d'abord le joug tatare, puis la domination polonaise (1). Satisfaits désormais par la tranquille possession des provinces de l'Ouest, éternelle cause des guerres que les Polonais leur avaient faites, ils voyaient dans l'occupation par une armée russe du royaume de Pologne et de la ville de Varsovie, moins une nécessité nationale qu'un renfort de ce despotisme autocratique et militaire qui pesait depuis si longtemps sur eux et dont ils étaient, à l'égal des Polonais, les adversaires. Ils auraient même vu avec un certain plaisir la fin de cette occupation. Ils suivaient donc avec d'autant plus de sympathies le mouvement insurrectionnel des Polonais, que ce mouvement leur paraissait dirigé contre le système politique du gouvernement russe, et non contre la nation russe elle-même; que l'annexion de la Pologne à la Russie par Alexandre Ier leur avait toujours semblé une faute, et qu'ils

(1) Au commencement du dix-septième siècle, Moscou, en proie à toutes les horreurs de l'interrègne et de l'anarchie, devenue le siége des intrigues des jésuites, et des Polonais victorieux, voit s'asseoir sur le trône des Tsars un roi de Pologne. Un élan national où nobles et hommes du peuple se donnent la main, met fin à cet état de choses. On voit aujourd'hui à Moscou un monument représentant cette alliance insurrectionnelle qui sauve la Russie. Ce sont les statues des deux auteurs de l'insurrection, du boyard prince Pojarsky et du boucher Minine se donnant la main dans un suprême effort.

étaient fatigués et se sentaient souverainement humiliés de s'entendre sans cesse accuser en Europe d'être de barbares oppresseurs.

Comment se fait-il que tout cet ensemble de circonstances si favorables à la cause polonaise ait si subitement changé? Comment se fait-il que du jour au lendemain, de si sympathique qu'elle était à la Pologne, l'opinion publique en Russie lui soit devenue si violemment hostile?

D'une part, absence chez les Polonais de ce sens pratique calme et réfléchi, qui dans les moments les plus décisifs de leur vie nationale leur a toujours fait défaut; d'autre part, profonde ignorance des rédacteurs de l'*Opinion nationale*, du *Siècle*, de la *Patrie*, qui, traitant avec passion une question qu'ils ne connaissaient pas, à laquelle ils n'étaient préparés par aucune étude antérieure, n'ont pas aperçu le travail qui s'opérait en Russie et ont soutenu les folles revendications territoriales des Polonais, qui ont fait par là avorter eux-mêmes leur mouvement; ignorance et violence des uns, imprévoyance des autres, fatal aveuglement de tous : telles sont les causes qui ont provoqué dans l'opinion publique russe cet immense revirement, cette réaction violente qui a rouvert entre Russes et Polonais l'ancien abîme de leurs haines nationales, où s'est engloutie à jamais toute possibilité de les réconcilier, de les unir, de résoudre, en un mot, la question polonaise par la voie de transaction.

Toutefois ces causes ne sont pas les seules; il en est une qui les domine toutes, — car, en vérité, lorsqu'on réfléchit sérieusement à la masse de fautes commises par les uns et par les autres et accumulées comme à plaisir, bien qu'au fond avec les meilleures intentions, lorsqu'on considère les conséquences fatales qui en sont résultées, l'on ne peut s'empêcher de voir dans tout cela l'effet d'une force supérieure. Il est évident pour nous que cette force qui mène à leur insu les souverains et les peuples, s'est opposée à ce que la question polonaise fût encore une fois ajournée ou résolue à demi ; elle n'a pas voulu permettre ce mauvais replâtrage, cette solution bâtarde qui a été sur le point de réussir et qui consistait en une séparation plus ou moins réelle, en une constitution plus ou moins autonome avec un souverain plus ou moins Polonais ou plus ou moins Russe, solution qui avait tous les désavantages d'une séparation sans en avoir les avantages de sécurité ni pour les Russes ni pour les Polonais, et tous les inconvénients d'une union, sans bénéfice aucun ni pour les uns ni pour les autres.

Quoi qu'il en soit, la vérité est que lorsqu'on s'aperçut en Russie que les Polonais ne voulaient pas seulement leur indépendance nationale, mais qu'ils visaient encore, comme dans l'ancien temps, à détruire celle de la Russie ; lorsqu'on s'aperçut que le programme de la junte polonaise comprenait dans ses revendications, non-seulement le royaume de Pologne proprement dit, annexé à la Russie en 1815, mais encore tous les territoires qui avaient été le berceau de la nationalité russe et que la Russie avait mis si longtemps à reprendre ; lorsqu'on vit, enfin, que dans ces tendances fatales de leur ancienne ambition, — preuve évidente que le malheur ne leur avait rien appris, — les Polonais étaient encouragés par une partie de la presse étrangère et soutenus par les sympathies des cabinets de l'Europe abusée, — alors le public russe, irrité par les injures de cette presse et les manœuvres du télégraphe propageant chaque jour des nouvelles déshonorantes pour l'armée russe, surexcité encore par cette espèce de comédie qui se jouait à Varsovie entre l'autorité russe et le marquis de Wiélopolski, tandis que les Russes tombaient sous le couteau d'assassins toujours insaisissables (1), — alors, disons-nous, l'opinion publique dans tout l'empire se révolta à un tel point, qu'elle imposa ses propres volontés au gouvernement, obligé, dès ce moment, de la suivre dans la voie de la répression.

Cette réaction de l'opinion publique en Russie, en se communiquant aux régions les plus élevées du pouvoir, où elle domine encore, a eu les plus graves conséquences.

Elle a arrêté le mouvement national qui poussait la Russie dans l'orbite de ses affinités et de ses alliances naturelles; elle a provoqué des retours fâcheux, des ressentiments amers, des craintes communes qui se sont crues solidaires; elle a, en un mot, créé en Russie et en Europe un état de choses dont les ennemis de la France et des idées qu'elle représente ne pouvaient manquer de profiter.

(1) C'est seulement depuis que le comte de Berg, proclamant l'état de siége, a pénétré dans les couvents, — respectés jusqu'alors conformément à l'une des conditions du marquis, — qu'on a mis la main sur tous les fils de la conspiration, sur les presses clandestines, les armes, les assassins mêmes, cachés tous, hommes et choses, dans les caves et les potagers des couvents.

III

Nous avons dit qu'il existe en Russie un parti allemand. Ce parti. du temps de l'Empereur Nicolas, occupait toutes les avenues du pouvoir et les principales fonctions de l'Etat, tant à l'intérieur que dans l'armée et dans la diplomatie. Il se recrutait principalement dans ce nid de hobereaux qu'on nomme les provinces baltiques (1) et où s'est conservé plus que partout ailleurs en Allemagne l'ancien esprit féodal germanique (2) si peu en harmonie avec le caractère essentiellement démocratique des Slaves. Ce qui a le plus contribué à provoquer le mouvement national russe, qui, dans les dernières années du règne de l'Empereur Nicolas. avait pris des proportions redoutables, ce fut précisément l'absorption de la Russie, qui s'en sentait humiliée. par ce parti dont les membres, à quelques brillantes exceptions près, n'avaient de russe que les décorations qu'ils portent à leur boutonnière. Le premier soin de l'Empereur Alexandre II. en montant sur le trône, fut de donner satisfaction à ce grief si légitime de sa nation. Il s'entoura de noms russes et appela aux premières charges de l'Etat des hommes connus par leur dévouement aux principes et aux intérêts nationaux.

Parmi ces nominations, une surtout produisit une profonde et heureuse sensation dans tout l'empire, où elle fut accueillie comme une preuve qu'on allait enfin

(1) La Courlande, la Livonie et l'Esthonie.

(2) C'est là, en effet, que s'est réfugié et qu'a longtemps existé l'ancien ordre Teutonique, les *Chevaliers du glaive*, dont les traditions féodales se sont perpétuées jusqu'à nos jours.

sortir de l'ancienne ornière de la politique allemande (1), ce fut la nomination du prince Alexandre Gortchakov au poste important de ministre des affaires étrangères, qui, pendant le long règne de l'Empereur Nicolas, avait été occupé par le comte de Nesselrode. Russe de cœur et d'esprit autant que de nom, poussant l'amour-propre national jusqu'à l'orgueil, intelligence ouverte à toutes les grandes idées, esprit libéral dans le vrai sens du mot qui, loin d'exclure, implique, au contraire, l'idée de l'ordre et du respect de l'autorité, le prince Alexandre Gortchakov avait justifié les espérances que l'opinion publique de son pays conçut à la nouvelle de sa nomination. Il s'était montré très-ferme vis-à-vis de l'Autriche, qui, plus d'une fois, depuis la guerre d'Orient, avait cherché à renouer avec la Russie ses anciennes relations d'amitié, et il s'était résolûment prononcé pour l'alliance française. Le prince Gortchakov a, en effet, cultivé cette alliance avec un soin particulier dès son arrivée au pouvoir. Il ne l'a pas désavouée, même au plus fort de la lutte diplomatique engagée entre les deux cabinets de Paris et de Saint-Pétersbourg à propos des affaires de Pologne. Pour lui, l'alliance de la Russie et de la France ne repose pas sur une simple communauté de vues entre les deux gouvernements dans telle ou telle question, mais sur une communauté d'intérêts entre les deux nations,

(1) L'opinion publique en Russie — il ne faut pas l'oublier — était alors sous le coup d'un ressentiment tout particulier contre cette politique. Elle la rendait responsable des complications qui avaient amené la guerre de Crimée, et de la conduite, pendant cette guerre, des puissances allemandes, et surtout de l'Autriche, pour laquelle l'Empereur Nicolas avait eu, pendant tout son règne, de si manifestes complaisances.

intérêts qui, à un moment donné, peuvent être plus ou moins bien compris par tel ou tel ministre, mais qui n'en demeurent pas moins réels. Le prince a raison. De nos jours, en effet, les alliances ne s'improvisent pas plus qu'elles ne se prescrivent. Les intérêts des peuples, des intérêts identiques ou similaires les créent; les circonstances les développent et leur font prendre corps; mais, soit à l'état de tendances, soit à l'état de traités, elles sont indépendantes des hommes et des événements, qui, les uns et les autres passent, tandis que les peuples et leurs intérêts restent.

Telle a été et telle est encore, nous croyons pouvoir l'affirmer, l'opinion du prince Gortchakov, qui, à ce seul titre, a droit à toutes nos sympathies. Mais par cela même aussi le prince Gortchakov ne devait pas être particulièrement sympathique au parti allemand. Bien que considérablement diminué comme nombre et comme importance depuis le nouveau règne, ce parti occupe toujours quelques fonctions à la cour ainsi que dans la diplomatie, et possède encore certains moyens d'influence dont il use largement. La question de Pologne, cause à l'intérieur d'une réaction dans l'opinion publique et à l'extérieur d'un refroidissement avec la France, devait nécessairement lui paraître une excellente occasion pour essayer de ressaisir, en partie du moins, son ancien ascendant; c'est ce qu'il a fait.

On se rappelle la circulaire par laquelle, au commencement de l'action commune entamée auprès de la Russie par les puissances occidentales en faveur de la Pologne, le prince Gortchakov reconnut que la question polonaise, en tant qu'intéressant les traités de Vienne, était une question européenne. On a prétendu depuis que le prince n'avait fait cette concession aux puissances qu'afin d'atteindre l'hiver et de gagner le temps nécessaire à la Russie pour se mettre en mesure d'affronter avec succès les éventualités d'une guerre. Cette considération, en la supposant juste, ne ferait que donner plus d'importance encore à la circulaire en question; mais, quant à nous, nous aimons mieux y voir un aveu franc et loyal digne d'une politique qui, par cela même qu'elle s'appuie sur le sentiment de la nation tout entière, doit être élevée et sincère. Les clauses des traités de Vienne relatives au royaume de Pologne sont imprimées, connues de tout le monde. On peut les condamner, on peut les regretter comme une faute commise par l'Empereur Alexandre; les nier est impossible. Dès lors, se livrer, pour les éluder, à de vaines arguties d'interprétation, c'est prendre la question par le petit bout, c'est ravaler la politique d'un grand peuple aux mesquines proportions d'une politique de puissance de troisième ordre réduite aux expédients, c'est prendre de gaieté de cœur le vilain rôle, c'est, en un mot, perdre en s'abaissant les avantages qu'assure toujours une politique élevée. Tôt ou tard les grands Etats regrettent de s'être mis dans leur tort. Leur réputation, surtout lorsqu'il s'agit de bonne foi dans l'interprétation des traités, doit être comme celle de la femme de César : il ne faut même pas qu'on puisse la soupçonner.

Nous tiendrons donc cet aveu du prince Gortchakov pour un des plus beaux actes de la diplomatie russe. C'est principalement à cet acte que s'est attachée la critique du parti allemand, c'est lui qui a servi de prétexte à ce parti pour combattre la politique suivie jusqu'alors par le cabinet impérial et pour la faire dévier dans le sens de ses errements. C'est encore ce parti qui critiqua, dans le temps, cette autre célèbre dépèche du prince Gortchakov dans laquelle, après la guerre de Crimée, cet homme d'Etat déclarait que la Russie se recueillait. Mot historique pourtant dès à présent, auquel les grands résultats que ce recueillement a produits pour la Russie sont venus donner une éclatante confirmation. A la suite d'une guerre aussi gigantesque, une grande nation peut-elle donc avoir à rougir d'avouer au monde entier qu'elle est occupée à panser ses blessures, à se reconnaître, à se replier sur elle-même, surtout lorsque ce temps d'arrêt aboutit à l'émancipation de tant de millions d'hommes et à la régénération sociale et politique de la nation tout entière ? Mais l'esprit du parti allemand en Russie est tellement opposé à celui de la politique nationale, qu'il n'en comprend pas les plus franches manifestations et les plus nobles élans.

C'est à ce parti, par contre, qu'appartient l'idée fausse et néfaste que la question de Pologne est une question de politique intérieure russe, à laquelle l'Europe n'a rien à voir. Cette idée a dans ces derniers temps prévalu à Saint-Pétersbourg, en même temps que la coterie allemande y a gagné du terrain. Heureusement pour la Russie, les succès de cette coterie sont comptés. Elle est condamnée à l'impuissance ; l'homme qui en était l'âme a disparu ; les temps ont changé et son règne a fini ; désormais tout ce qu'elle pourra suggérer, inspirer, dicter, n'aura plus qu'une durée éphémère, ne réussira pas. C'est à elle que revient également, cela va de soi, le projet d'un rapprochement entre la Russie, la Prusse et l'Autriche, et ce projet, qui vient d'aboutir aux entrevues manquées de Kissingen et de Carlsbad, ne pourra pas davantage se réaliser par la suite. Il ne le pourra pas, parce que, malgré la communauté de vues, apparente et passagère, créée entre ces trois puissances par la dernière insurrection polonaise, leurs intérêts réels, permanents, deviennent de jour en jour plus dissemblables, plus difficiles à concilier. Chaque pas fait en avant par la Russie dans la voie libérale et nationale l'éloigne de l'Autriche et de la Prusse, et là est pour le parti allemand la cause de son irrémédiable impuissance. Il le sait; aussi n'a-t-il pas manqué de chercher à tirer parti du mouvement de réaction qui s'était produit dans l'opinion publique en Russie, pour y trouver un heureux dérivatif aux préoccupations intérieures et arrêter le gouvernement dans la voie des réformes libérales. Mais ici il s'est heurté contre la volonté bien arrêtée, contre la résolution inébranlable de l'Empereur Alexandre de mener à bonne fin l'œuvre commencée et par laquelle il a déjà illustré son règne.

C'est là précisément, c'est cette ferme volonté d'achever son œuvre qui fait tant souhaiter à ce souverain la paix, et une paix solide et durable.

Hélas ! pourquoi devons-nous dire que ce vœu si louable, si légitime, ne sera pas exaucé, aussi longtemps du moins qu'on ne reconnaîtra pas à Saint-Pétersbourg que les moyens employés jusqu'ici pour le réaliser en sont, au contraire, les véritables et seuls obstacles?

LETTRE SIXIÈME

SOMMAIRE. Difficultés de la question polonaise pour la Russie; — les trois projets de solution; — émancipation des paysans polonais; — à quelle condition l'assimilation entre deux peuples est possible; — dissemblances entre les Russes et les Polonais; — qualités particulières des uns et des autres. — Conséquences fatales pour la Russie de l'occupation polonaise; — impossibilité d'une Constitution séparée ou commune; — conséquences de l'acte d'émancipation des paysans polonais; — fautes heureuses; — conséquences d'une compression nouvelle en Pologne; — la russification de la Pologne amenant la polonisation de la Russie. — Où est le nœud de la question de la Pologne par la Russie? — véritable mission de la Russie; — seul moyen de solution.

I

Les difficultés de la question de Pologne sont peut-être terminées pour l'Europe; pour la Russie elles ne font que commencer.

En effet, aussi longtemps que le même régime comprimait à la fois et la Russie et la Pologne, les inconvénients de la grande faute commise en 1815 par l'annexion de la Pologne étaient moins sensibles; mais aujourd'hui que tout retour à ce régime est devenu impossible, aujourd'hui que l'on s'est engagé dans la voie des réformes et des libertés où tout arrêt est interdit et tout retour plus difficile encore, cette faute se manifeste dans toutes ses fatales et inflexibles conséquences.

Partageant la généreuse illusion de son oncle, l'Empereur Alexandre II a cru, en montant sur le trône, pouvoir convertir cette illusion en réalité et concilier ses devoirs de roi de Pologne avec ceux d'Empereur de Russie, en menant de front et côte à côte sur le même terrain de la liberté les deux nations dont le sort lui avait confié les destinées. Dans ce but, tandis que d'une main sage et prudente il retenait les aspirations par trop fougueuses de la Pologne, il donnait libre carrière à la Russie, l'excitait même, afin que d'un bond elle pût se mettre au pas de sa rivale. Nous avons vu par quel concours de circonstances fatales, par quelle série de fautes involontaires, cet effort n'a pas réussi.

Aujourd'hui, la Pologne immobile, mais non convertie, matée, mais non domptée, expie les folles exagérations de ses chefs sous un régime de compression incompatible avec celui qui va se développant en Russie, fatigant à la longue pour la main la plus ferme et dont le moindre relâchement serait pour elle le signal de nouvelles tentatives de révolte.

Pourtant, à Saint-Pétersbourg, on n'a pas été convaincu par cet insuccès, et l'illusion d'une réconciliation, d'une union possible de la Pologne avec la Russie existe toujours.

Au moment où éclatèrent à Varsovie les premiers désordres, et lorsque l'amour-propre et l'honneur national de la Russie n'avaient pas encore été malheureusement mis en cause, trois opinions s'étaient fait jour dans les sphères gouvernementales. L'une voulait que l'on eût recours à la répression violente et immédiate ; l'autre désirait qu'on en finît une bonne fois avec ces incessantes perturbations, en lâchant la Pologne, sauf compensations ; la troisième, enfin, proposait la continuation de l'œuvre de l'assimilation en ayant recours toutefois au moyen qui avait si bien réussi en Russie, c'est-à-dire à l'émancipation, par acte souverain, des paysans polonais avec dotation de terres.

La force des choses, les proportions que prenait chaque jour l'insurrection, l'urgence de la dompter, ne fût-ce que pour enlever aux puissances occidentales tout motif d'intervention, firent donner, pour le moment, la préférence au premier de ces trois projets, et, même à l'état de mesure purement temporaire, ce n'est pas sans faire violence à son excellent cœur que l'Empereur Alexandre se décida à l'adopter. Mais le vrai projet, celui qui fut particulièrement bien agréé par tous, celui qui prévalut et qui devint la base de tout un système que l'on poursuit aujourd'hui, fut le dernier, celui de l'émancipation des paysans polonais.

Les auteurs de ce projet sont partis de ce principe, que les gros bataillons, c'est-à-dire les masses, emportent toujours la victoire, et de ce fait avéré, cause de l'insuccès de toutes les insurrections polonaises, que le peuple polonais, opprimé par les classes privilégiées qu'il n'aime pas, n'a jamais pris une part active à ces insurrections. Le but de ce système est donc de rattacher la grande majorité de la nation polonaise, c'est-à-dire les habitants des campagnes, au gouvernement russe, auquel il devra sa liberté et son bonheur.

Ce plan pèche par la base, car son succès dépend de ce qu'il y a de moins certain dans le cœur de l'homme, dans celui des peuples surtout, du sentiment de la reconnaissance. Il ne nous sera même pas difficile de prouver que l'émancipation des paysans polonais aura forcément un résultat diamétralement opposé à celui qu'on en attend.

II

L'assimilation de deux peuples n'est possible que lorsqu'elle s'établit sur la base d'une parfaite égalité de droits, d'une complète identité de sentiments et d'intérêts, lorsqu'elle est, en un mot, le résultat de tendances et d'aspirations communes. Elle peut être encore — et l'histoire nous en fournit maints exemples — la conséquence de la conquête et d'une longue communauté d'existence ; mais alors — et ici les enseignements de l'histoire sont péremptoires — c'est à la condition que celle des deux nations qui a assujetti l'autre et veut se l'assimiler lui soit de beaucoup supérieure et ait sur elle tous les avantages d'une existence depuis longtemps plus libre, d'une civilisation plus avancée ; il faut encore — car cela ne suffit pas — qu'elle la domine par la force d'un tempérament vigoureux et procréateur, qu'elle se l'incorpore en quelque sorte par attraction et absorption. Or telles ne sont pas les conditions dans lesquelles la Russie se trouve vis-à-vis de la Pologne ; au contraire.

Depuis qu'il existe une Russie et une Pologne, il n'y a eu entre les deux nations que guerres et hostilité. Les Russes, satisfaits de leur triomphe, ont fini par pardonner aux Polonais le mal qu'ils leur avaient fait lors de leur ancienne puissance; les Polonais, asservis, n'ont jamais cessé de haïr les Russes. Je sais qu'on m'objectera ici la communauté d'origine des Russes et des Polonais, qui les relie les uns et les autres à la grande famille slave. Loin de nous l'idée de méconnaître l'importance de cette origine. Convaincu comme nous le sommes que ce que notre esprit infiniment borné nous fait envisager dans le présent comme un mal est souvent destiné, dans les vues insondables de la Providence, à devenir par la suite une source de bien pour tous, ce n'est pas nous assurément qui traiterons à la légère un fait aussi capital.

Nous pensons, au contraire, que deux nations comme la Pologne et la Russie n'ont pas été placées ainsi côte à côte, n'ont pas eu une même origine pour suivre éternellement deux voies opposées et ne se rencontrer que pour s'entre-détruire ; nous croyons fermement, au contraire, qu'elles sont appelées à se tendre un jour la main et à unir leurs efforts au profit de la civilisation; mais nous sommes également convaincu que la première condition de cet heureux rapprochement est leur liberté, leur indépendance réciproques. Qui sait si la diversité même de leurs épreuves, si l'expérience que chacune d'elles aura acquise dans sa longue carrière ne sera pas un des éléments essentiels de ce rapprochement? Qui peut dire, par exemple, ce qui résultera un jour des deux principes opposés qui, après avoir divisé l'ancien monde en empire d'Orient et en empire d'Occident, se trouvent comme à dessein mis en contact et représentés l'un à côté de l'autre par la Russie gréco-slave et par la Pologne slavo-latine? Tout cela est le secret du temps, et nous avons à nous occuper en ce moment de ce qui a été et de ce qui est, et non pas de ce qui sera dans les siècles futurs. Or, dans le passé et dans le présent des deux nations, à part leur origine et une certaine analogie de type plutôt encore que de caractère, nous ne trouvons que des dissemblances radicales. Le long contact de la Pologne avec l'Occident lui a fait perdre cette originalité slave que la Russie a conservée pure. La Pologne est dévouée jusqu'au fanatisme à l'orthodoxie latine, dont le principe est le prosélytisme; la Russie est dévouée à l'orthodoxie grecque, dont le principe est la tolérance; en Pologne prédomine l'élément aristocratique, en Russie l'élément démocratique. Entre elles donc, pour le moment du moins, pas le moindre lien d'intérêts, de sentiments communs, pas la moindre aspiration à unir librement leurs destinées.

Quant à la possibilité d'une unification basée, à la suite de la conquête, sur une complète égalité de droits politiques, il n'y a pas à y songer. Une pareille égalité de droits, nous l'avons déjà dit, ne peut exister entre deux nations dont l'une est soumise à l'autre, que là où la nation assujettie, moins intelligente, moins riche, moins prospère, se trouve appelée par ses droits à partager avec celle qui la domine les bienfaits d'une civilisation plus avancée. Mais lorsque les rôles se trouvent intervertis, lorsque c'est la nation assujettie qui est réellement ou se croit supérieure en civilisation, l'égalité des droits politiques n'est plus qu'un moyen qui lui est offert d'affirmer sa supériorité sur sa rivale, de confisquer cette égalité à son profit, de sortir enfin de son état d'assujettissement. Nous sommes loin de partager l'opinion assez généralement admise que la nation polonaise est plus susceptible de civilisation que la Russie ; nous pensons, au contraire, qu'il y a plus d'élévation, de véritable grandeur dans le génie russe que dans celui du peuple polonais; mais il est incontestable que le caractère polonais est bien plus énergique, plus entreprenant, qu'il est plus propre enfin à la domination, à l'absorption que le caractère russe. Le système gouvernemental qui a longtemps présidé aux destinées de la Russie, et auquel elle doit, il faut le reconnaître, une partie de ses gloires, lui a acquis une réputation de nation militaire, ambitieuse, conquérante, que dans le fait elle est loin de justifier. Courageux, brave en présence du danger et de l'ennemi ; capable, lorsqu'il est livré à lui-même et débarrassé de cette discipline à la prussienne introduite dans l'armée par Pierre III, des plus grands prodiges d'audace et de résolution, — on l'a vu au Caucase et en Crimée, — le Russe, dans la vie ordinaire, est l'être le plus doux, le plus pacifique du monde. Profondément attaché à son sol, à ses origines nationales, d'un esprit patient, conciliant, il n'a aucune des qualités ni aucun des défauts qui font les nations dominantes, et, apte au plus haut degré à recevoir les empreintes étrangères, il est peu propre à imprimer la sienne sur d'autres peuples. Cela est si vrai que, si demain la Pologne venait à être rendue à elle-même, les traces de l'occupation russe disparaîtraient comme par enchantement avec le dernier soldat qui quitterait Varsovie ; le cachet du génie russe ne se trouverait nulle part, ni dans les mœurs, ni dans les lois, ni dans la langue, ni dans les monuments de la Pologne ; tandis qu'on ne saurait dire la même chose de la domination que les Polonais exercèrent sur la Russie à la fin du seizième et au commencement du dix-septième siècles. L'empreinte du génie polonais ne disparut pas avec le dernier soldat de l'ancienne capitale des Tsars ; ce génie pénétra, au contraire, partout jusque dans l'esprit, dans les mœurs, dans la langue de la société russe, qu'il se serait peut-être assimilée pour toujours s'il n'avait pas voulu s'attaquer aussi à sa foi. Dans cet effort suprême, folie conseillée par la cour de Rome et qui a amené entre ces deux peuples une longue lutte de religion, la Pologne a fini par succomber, non sans léguer toutefois à la Russie des traces indélébiles de sa trop longue domination.

Cette différence d'aptitude assimilatrice entre les deux nations n'a pas besoin, d'ailleurs, d'être démontrée. Il suffit de la constater par des faits qui sont à la connaissance de tout le monde. La Pologne, la Finlande, les provinces baltiques sont des dépendances de la Russie; mais trouve-t-on des marchands russes établis soit à Varsovie, soit à Riga ou à Mittau, soit à Wibourg? la Russie, au contraire, est peuplée de marchands et d'employés polonais et allemands. De plus, quelle distinction peut-on faire. nous le demandons, entre un Russe qui a habité quelques semaines seulement l'Angleterre, la France ou l'Italie, et un Anglais, un Français, un Italien? Aucune.

III

Nous croyons avoir suffisamment prouvé l'incompatibilité actuelle entre les Polonais et les Russes et l'impossibilité pour ceux-ci de s'assimiler la Pologne. Il nous reste à démontrer les dangers qu'il y a pour la Russie à poursuivre cette œuvre impossible.

Les conséquences inévitables, forcées, qu'aurait pour la Pologne l'octroi soit d'une constitution séparée de celle de la Russie, soit d'une constitution commune avec une Diète dans le genre du *Reichsrath* autrichien, où Russes et Polonais siégeraient les uns à côté des autres, ces conséquences ressortent de ce que nous avons dit touchant l'état même de civilisation et le caractère des deux peuples. Dans l'un comme dans l'autre cas, ce serait un moyen offert aux Polonais de renouveler sans cesse leurs efforts pour recouvrer leur indépendance, de communiquer aux Russes leur esprit d'intrigue et d'insubordination, et d'entretenir dans l'empire des causes permanentes de trouble et d'agitation.

Si le gouvernement russe maintient la Pologne dans sa dépendance, l'acte d'émancipation des paysans polonais aura pour la Russie des conséquences plus fatales encore. Quel est, en effet, le premier usage que ces paysans émancipés, dotés de terres, vont faire de cet accroissement de liberté et de bien-être? Ce sera évidemment d'envoyer leurs enfants à l'école, de leur faire apprendre à lire et à écrire, de leur donner un état, une profession au-dessus de leur condition à eux. Ce mobile commun à tous les pères de famille, qu'ils soient Polonais, Russes ou Anglais, est trop naturel, trop sacré même pour qu'on puisse le combattre. Or, nous le demandons à tous ceux qui connaissent la Pologne et qui savent l'influence qu'exerce sur le paysan polonais le clergé catholique, qu'est-ce que les enfants de ces paysans, aujourd'hui dévoués, reconnaissants même au Tsar de ce qu il a fait pour eux, apprendront dans ces livres, dans ces écoles, qu'on ne parviendra pas à soustraire à l'influence du curé et même du propriétaire du village? Ils y apprendront ce que tout Polonais lettré a sucé dès la mamelle avec le lait de sa mère, ce qui perce dans chaque ligne imprimée en langue polonaise : l'amour de la patrie et la haine du Russe. De sorte que la nouvelle génération ira accroître de toute la force d'une classe aussi nombreuse que celle du petit tiers état et des habitants des campagnes les rangs de l'insurrection. Si de longtemps encore la Pologne n'aurait pu donner le spectacle d'un véritable soulèvement national auquel rien ne résiste, semblable, par exemple, à celui des Russes en 1612 contre l'oppression polonaise, soulèvement qui mit les destinées de la nation dans les mains d'un homme du peuple. du fils d'un boucher et d'un membre de l'aristocratie moscovite, d'un boyard, c'est que de longtemps encore l'union entre ces deux classes eût été impossible en Pologne; c'est que l'asservissement de l'une, l'oppression de l'autre les eussent encore longtemps divisées. Un 89 seul aurait pu produire cette union. Or, cette union, ce miracle dont l'accomplissement eût exigé bien des années et entraîné bien des calamités pour la nation polonaise, d'un trait de plume l'Empereur Alexandre vient de l'accomplir, ou tout au moins de l'assurer.

Et là est la preuve que des nations grandes, généreuses, lorsqu'elles sont représentées par des souverains qui s'inspirent de leurs qualités, ne peuvent faire autrement que de produire le bien, lors même que leurs intérêts immédiats, momentanés, s'y opposeraient. La faute d'Alexandre Ier fut assurément une grande faute au point de vue des difficultés qu'elle a créées à la Russie pour un demi-siècle environ; mais cette faute a eu, en définitive, pour conséquence d'empêcher l'anéantissement de la nation polonaise. Au point de vue des intérêts strictement individuels et passagers de la Russie, — aux yeux de ceux du moins qui pensent que la possession de la Pologne est nécessaire à la Russie, et l'on sait si nous sommes d'un avis contraire, — au point de vue de cet intérêt égoïste et transitoire, l'émancipation, par Alexandre II, des paysans polonais avec dotation de terre, est également une faute. Fautes heureuses pourtant, bienfaisantes, par lesquelles ces souverains acquièrent, dans leur pays et au dehors, un titre éternel à la reconnaissance et à l'admiration de la postérité, qui, elle, juge les actes des contemporains par leurs résultats définitifs et non par leurs conséquences immédiates.

Et maintenant, en présence de cette tendance naturelle qui pousse la Russie, comme si elle obéissait à une force supérieure, à émanciper tout ce qui est opprimé par les autres et par elle-même, hier les chrétiens d'Orient, aujourd'hui son propre peuple, demain les Polonais, tendance qui se reflète dans les actes de son gouvernement chaque fois qu'il inaugure une politique nationale, croit-on qu'on puisse demander à la force et à la compression l'union de la Pologne avec la Russie? Et pourtant, après ce que nous venons de dire, c'est le seul moyen qui reste. Heureusement celui-là aussi est impossible.

Quelle est la conséquence forcée, inévitable, de cette compression? C'est l'envoi chaque année de plusieurs milliers de Polonais en Sibérie. Or, sait-on quel est le résultat pour la Russie de ces déportations? Nous allons le dire.

Il ne faut pas croire que tous les exilés en Sibérie y meurent de faim, de froid ou de fatigue. On en revient très-bien, même après plusieurs années d'exil (nous parlons, bien entendu, des détenus politiques, et non pas des criminels ordinaires) (1), témoins les nom-

(1) Les criminels ordinaires sont condamnés aux travaux dans les

breux Polonais qui, sous l'Empereur Nicolas, furent envoyés, à leur retour de Sibérie, dans l'intérieur de la Russie, soit pour y terminer leur peine, soit par suite d'une commutation. Privés de tout moyen de subsistance et recommandés qu'ils étaient, non pas seulement à la surveillance, mais encore à la protection des autorités locales, ces Polonais ne tardaient pas à recevoir des places dans les bureaux des administrations provinciales, où, grâce à leur intelligence native, ils parvenaient vite à un rang plus élevé et obtenaient même des distinctions honorifiques; si bien qu'au bout de quelque temps ils étaient en mesure d'appeler auprès d'eux et de patronner leurs parents et leurs amis de Pologne (1); c'est ainsi que, peu à peu, l'élément polonais a pris en Russie même une extension incroyable. Nous devons encore ajouter qu'en Russie les écoles, les universités et les emplois civils ou militaires sont accessibles, sans distinction aucune de culte ou d'origine, à tous les sujets de l'Empereur, par conséquent aux Polonais, aux Finlandais, aux

mines, lesquels varient d'après le degré de culpabilité du condamné. Les exilés politiques sont envoyés dans différentes parties de la Sibérie en *colonisation*, les uns à perpétuité, les autres pour un certain nombre d'années. Les premiers sont morts politiquement parlant. Il est rare pourtant qu'ils ne ressuscitent pas, car les uns comme les autres, soit à l'avénement d'un nouveau souverain, soit à l'occasion de la naissance d'un prince de la famille impériale, soit enfin lors d'une amnistie restreinte ou générale, voient leur peine remise ou commuée.

(1) Une des sommités de la presse militante de Moscou affirmait l'année passée que son père, qui était gouverneur (préfet) d'une des provinces du Volga, avait trouvé à son arrivée dans ce pays, il y a une vingtaine d'années, cinq ou six Polonais employés aux bureaux de la préfecture, et qu'au moment de l'insurrection il y en avait une centaine, tous, par conséquent, nécessairement affiliés plus ou moins au comité central révolutionnaire de Varsovie.

Allemands aussi bien qu'aux Russes. Le résultat de cet état de choses a été qu'au moment de l'insurrection la nation russe s'est trouvée prise comme dans une immense toile d'araignée dont les nombreux Polonais établis dans l'empire, depuis le plus haut dignitaire jusqu'au dernier artisan, avaient attaché les fils aux quatre coins de la Russie. N'a-t-il pas, de plus, été constaté que les principaux chefs des bandes insurgées, et même du comité de direction établi à Paris, étaient des officiers de mérite sortis des écoles d'artillerie, d'état-major ou des ponts et chaussées de Saint-Pétersbourg?

Ainsi la Sibérie où l'on déporte les condamnés politiques polonais, les administrations russes où l'on admet des employés polonais, les écoles, les universités, les établissements militaires de Pétersbourg et de Moscou où l'on élève la jeunesse polonaise, ne sont qu'autant de filières par lesquelles passe l'esprit d'indépendance de la Pologne, pour lui revenir sans cesse plus vivace, plus fort et mieux armé, grâce à la Russie elle-même.

Lorsqu'on réfléchit sur cet état de choses, n'est-il pas naturel que tout Russe, sincèrement patriote, désire que le gouvernement de l'Empereur Alexandre, dont on ne peut suspecter les excellentes intentions, y mette fin au plus vite? N'est-il pas naturel qu'il craigne que l'assimilation de la Pologne à la Russie n'ait pour la nation russe les plus dangereuses conséquences dans l'avenir, et qu'il souhaite par conséquent que le gouvernement prenne pour devise ces mots qui résument toute notre thèse : LA RUSSIE AUX RUSSES ET LA POLOGNE AUX POLONAIS? N'est-il pas naturel enfin que celui qui, l'histoire en main, approfondit ces sortes de questions, redoute que l'illusion de la russification de la Pologne n'amène au contraire un jour la polonisation de la Russie?

IV

Disons-le, toutefois, si l'idée de l'abandon de la Pologne n'est pas encore bien arrêtée dans les conseils du gouvernement russe, du moins elle y a fait dans les derniers temps de notables progrès. On a reconnu, et c'est là, on en conviendra, un grand pas de fait, que pour la Russie le nœud de la question de Pologne n'est pas à Varsovie, mais à Vilno et à Kiev. Depuis que les chemins de fer mettent Saint-Pétersbourg à trois jours de Paris, et à quelques minutes seulement de cette capitale si l'on emploie la télégraphie, la possession du royaume de Pologne proprement dit n'a plus, en effet, pour la Russie, au point de vue de ses relations avec l'Europe, la même importance qu'autrefois; et quant à la question de sécurité, il est évident qu'un royaume de Pologne, séparé de la Russie, indépendant, et dont la neutralité, qui le dispenserait d'entretenir une armée, se trouverait garantie par toutes les puissances de l'Europe, serait pour la Russie un gage de tranquillité intérieure et de sécurité extérieure, bien autrement sérieux qu'une Pologne ouverte à toutes les excitations du dehors et du dedans. sans cesse en état de rébellion ou d'hostilité latente.

Mais ce qui importe avant tout à la Russie, ce qui est pour elle d'une importance majeure, ce dont son gouvernement ne saurait assez se préoccuper, c'est la conservation de ses provinces occidentales qui ont été le berceau de sa nationalité et qu'elle ne peut d'aucune façon aliéner. Là a toujours été, pour tout homme politique et compétent, le problème de la question polonaise. Eh bien ! grâce aux folles revendications du parti extrême de la dernière insurrection polonaise, ce problème est à la veille d'être résolu. C'est ainsi que, poussés par une force supérieure, amis et ennemis concourent à l'accomplissement de ce qui doit être.

Parmi les plaies léguées par la domination polonaise, la plus profonde, la plus grave pour la Russie a été sans aucun doute la conversion forcée de plusieurs populations russes au catholicisme et l'occupation, dans les susdites provinces, de territoires russes, peuplés de Russes, par la *schliakhta* polonaise. Lors du retour de ces provinces à la Russie, les membres de cette aristocratie terrienne, tous seigneurs, comtes ou princes, prêtèrent serment de fidélité au souverain et aux lois de l'empire et embrassèrent volontairement la sujétion russe. Mais, malgré leur sujétion, malgré leur serment, ils n'en restèrent pas moins Polonais d'esprit et de cœur (1) ; si bien que favorisés par l'inaction et l'imprévoyance du gouvernement d'une part, de l'autre par l'apathie et la longanimité propre au caractère russe; ils ne tardèrent pas à poloniser complétement ces contrées. L'attention du gouvernement ayant été attirée soudain, par la dernière insurrection, sur cette déplorable réalité, il a été constaté, au grand et légitime mécontentement du public russe, que toutes les écoles, toute l'administration se trouvaient entre les mains de Polonais.

On comprend aisément qu'au moment de l'insurrec-

(1) C'est cette aristocratie terrienne qui a fourni le plus d'argent à la dernière insurrection.

tion polonaise, la dignité de la nation russe se soit opposée à ce que son gouvernement cédât devant l'intimidation de l'étranger. Le premier devoir du gouvernement était avant tout de dompter l'insurrection; tout autre gouvernement eût agi de même à sa place. Mais aujourd'hui qu'il est rentré dans la plénitude de sa liberté d'action et de ses forces, il doit faire tous ses efforts pour réparer, sans perte de temps, l'impardonnable incurie de ses prédécesseurs. Si les Polonais, en effet, veulent avoir le droit d'être maîtres chez eux, il faut qu'ils commencent d'abord par reconnaître ce même droit aux Russes. Nous engagerons toujours le gouvernement russe à abandonner la Pologne proprement dite dans l'intérêt même de la sécurité et de la prospérité future de la Russie, mais par la même raison nous l'engagerons également à ne point céder une seule parcelle de territoire russe.

Ce gouvernement a déjà mis la main à l'œuvre. Mais, disons-le sans détour, le moyen qu'il a récemment employé n'est pas proportionné au mal; comme toutes les demi-mesures, comme tous les palliatifs, ce moyen n'aura aucun résultat efficace. Aux grands maux les grands remèdes; cet aphorisme est surtout applicable à la situation actuelle de la Russie vis-à-vis de la Pologne, situation qui n'admet pas de tergiversation. Si l'on veut en finir avec l'interminable question polonaise, si l'on ne veut pas être surpris par de nouvelles complications, il faut aller droit au but; il faut couper le mal dans sa racine, il faut trancher dans le vif, il faut en un mot revenir hardiment aux errements de Catherine, car toute la question est là, afin de pouvoir réparer ensuite la faute d'Alexandre Ier et accomplir du même coup, quoique autrement que lui, ses vues élevées et humanitaires. Une nation peut être généreuse; souvent même elle acquiert par là plus de gloire et de force que par une politique mesquine et terre à terre; mais elle n'a pas le droit de se suicider. La Pologne veut être indépendante? Rien de mieux. La Russie peut y trouver son compte, et nous avons suffisamment prouvé qu'elle l'y trouvera; mais avant tout, elle doit demander que tous les Polonais habitant l'empire et possédant des propriétés en Russie rentrent chez eux. Agir autrement, ce serait fournir aux Polonais les moyens de poloniser toute la Russie comme ils en ont déjà polonisé une partie, de recommencer leurs anciennes luttes et marcher un jour sur Moscou comme ils y ont déjà marché une fois. Une pareille conduite ne serait plus de la générosité, ce serait de la démence. Pour que le gouvernement russe puisse abandonner la Pologne, il faut donc qu'avant tout il rende à jamais impossible l'accomplissement des projets de conquêtes et d'ambitieuse prépotence manifestés par les Polonais dans leur dernière insurrection; il faut, en un mot, qu'il commence par restituer à la Russie ce qui appartient à la Russie. Le seul moyen d'y parvenir, c'est d'obliger tous les seigneurs polonais domiciliés en Russie et notamment dans les provinces en question, de vendre leurs terres dans un délai fixé et à un prix déterminé d'après les revenus de ces terres. En même temps, afin de hâter cette transmission de propriétés, et attirer de ce côté les capitaux dont les plus grands détenteurs en Russie sont les marchands, il faut offrir la noblesse héréditaire à tous ceux de cette classe, sans distinction de culte, de rang ou de profession, vieux-croyants, commerçants ou boutiquiers, qui se rendraient acquéreurs de ces biens-fonds dans le délai voulu. La mesure est radicale, nous le savons; mais, encore une fois, qui veut la fin doit vouloir les moyens. *Salus populi suprema lex esto.*

Proposée l'an dernier, cette mesure a été adoptée par le gouvernement russe, mais en partie seulement. Or, il est des remèdes qu'il vaut mieux ne pas employer du tout qu'à demi; leur seul avantage étant leur prompte efficacité, ils n'en conservent plus que les inconvénients. On comprend que, pour devenir noble, pour transmettre ce titre à ses descendants, un marchand russe à barbe soit tenté de faire un sacrifice d'argent, et qu'il aille jusqu'à déplacer une partie de sa fortune, engagée à gros intérêts dans les affaires, pour l'employer à l'achat de propriétés d'un rapport peu tentant, présentement surtout; mais quel prix veut-on qu'il attache à devenir, ainsi que le lui propose le projet du gouvernement, marchand de la première guilde s'il est de la deuxième, et de la deuxième s'il est de la troisième guilde, du moment surtout que cet avantage, question d'impôts, il peut se le procurer en payant un millier de francs de plus par an?

Par de pareils palliatifs, on ne parvient jamais au but. En attendant, le temps passe, les occasions favorables se perdent, les affaires politiques se compliquent, les affaires commerciales languissent, et la paix, le calme, la sécurité, ces trois bienfaits dont la Russie a tant besoin pour mener à bonne fin toutes ses grandes réformes intérieures, restent à l'état de vœu.

L'énergie dans la conception, la promptitude dans l'exécution, voilà le côté faible du gouvernement russe.

CONCLUSION

Sommaire. La loi du mouvement : — les victoires de notre temps ; — leurs auteurs ; — Alexandre II et Napoléon III ; — l'entente entre la France et la Russie : — le comte Russell et la vieille diplomatie anglaise. — Le principe des nationalités ; — sa définition ; — son importance comme élément d'ordre ; — ce qu'a produit le Code civil, ce que doit produire le Code international.— Projet de Congrès européen de publicistes et de jurisconsultes. — La paix.

Tous ceux qui auront pris la peine de nous lire jusqu'au bout se seront convaincus que si la question de Pologne offre encore quelques difficultés, elle est du moins en bonne voie de solution, et de solution forcément prochaine et pratique. Ils se seront convaincus encore que le dénoûment satisfaisant de cette question, la plus grave, la plus compliquée de toutes celles que le passé nous a léguées, sera dû à la sagesse et à l'esprit sincèrement libéral de l'Empereur Alexandre. Mais ils se seront convaincus aussi de la part qu'y a prise dans le passé comme dans le présent une autre force, une autre puissance. Ceux qui ne croient en rien décorent cette puissance du nom banal de hasard ; ceux qui croient à tout, sans rien approfondir, se bornent à l'appeler Providence ; ceux qui, comme nous, aiment à aller au fond des choses, pour mieux adorer le Créateur dans la création, qui aiment à se rendre compte de l'admirable harmonie, du merveilleux ensemble avec lequel les phénomènes de l'ordre physique, de l'ordre moral aussi bien que de l'ordre politique s'accomplissent, se produisent les uns les autres dans une action perpétuelle, ceux-là appelleront avec nous cette puissance la loi du *mouvement*.

Il y a quelques mois à peine on traitait de folies les prédictions d'un observateur attentif, qui d'une longue série de variations atmosphériques avait su déduire une loi ; aujourd'hui que ses prédictions se sont réalisées, on est presque tenté de le traiter de grand homme. Nous ignorons s'il se trouvera un jour un savant qui établira la loi des variations politiques ; quant à nous, nous croyons la chose fort possible.

Cela dit, et sans insister davantage sur une opinion qui nous est toute personnelle, reconnaissons que nous vivons dans une époque des plus intéressantes et des plus fécondes en heureux résultats pour l'humanité ; reconnaissons, pour nous en tenir seulement aux affaires politiques, que de grandes victoires ont été remportées dans ces derniers temps sur les obstacles de tout genre qui ont si longtemps arrêté les peuples dans le libre développement de leurs forces et de leur génie ; reconnaissons encore que ces obstacles ne sont plus aujourd'hui bien redoutables, et sachons gré, sans arrière-pensée, aux souverains auxquels sont dus en partie tous ces progrès.

L'Empereur Alexandre II et l'Empereur Napoléon III sont, sans contredit, les deux grandes figures de notre époque. Chez l'un prédomine l'intelligence du cœur avec ses nobles instincts de franchise et de liberté ; chez l'autre, le génie de la raison, mûrie par de longues études et une amère expérience. — Ces deux souverains, qui, par la diversité même de leur caractère, semblent appelés à s'unir pour le bien de tous, sont à la tête de deux puissantes nations qu'animent de mêmes sentiments de grandeur, de liberté et d'expansion émancipatrice, que tout rapproche et que rien ne divise, si ce n'est cette fatale question polonaise aujourd'hui en voie de solution. Tout concourt à cimenter entre les deux peuples cette union que leur raison conseille, que leur cœur sollicite. Un jour, à la suite de l'entrevue de Stuttgard, elle fut presque conclue, et ce fut pour l'Europe entière un jour de gloire, de délivrance et de bien-être. La joie était chez tous les peuples malheureux, l'activité dans toutes les affaires commerciales. Malheureusement ce jour n'eut point de lendemain. Ceux qui croient fonder le bonheur de leur pays sur le malheur des autres, certains hommes d'Etat en Angleterre, en Autriche, dans une partie de l'Allemagne, virent ce rapprochement avec effroi et se hâtèrent de provoquer la mésintelligence entre les deux pays, la défiance entre les deux souverains. L'Angleterre et l'Autriche, alliées à la France, poussèrent à outrance leur action commune dans la crise polonaise jusqu'au jour où elles eurent atteint leur but par la rupture de l'entente franco-russe ; laissant alors la France seule en présence des ressentiments de la Russie, elles s'empressèrent d'aller serrer la main de la nation pour laquelle, quelques jours auparavant, elles n'avaient eu que des menaces et des injures.

On sait aujourd'hui, à n'en pas douter, que le rapprochement entre les cours de Vienne, de Pétersbourg et de Berlin, qui a amené les entrevues, heureusement manquées, de Kissingen et de Carlsbad, est l'œuvre personnelle du comte Russell. C'est lui, en effet, qui, après avoir tout à coup abandonné la France dans la question de Pologne, où il l'avait si fort engagée, s'est mis à l'œuvre avec ardeur, tant à Vienne qu'à Saint-Pétersbourg, pour opérer ce rapprochement. La vieille politique de l'Angleterre, personnifiée par cet homme d'Etat plus que septuagénaire et dont la pensée dominante a toujours été de maintenir le trouble en Europe, a failli, comme on le voit, triompher encore une fois. La force des choses ne l'a pas permis. L'action n'avait pas été assez violente pour que la réaction allât jusqu'à refaire une Sainte-Alliance ou même une triple alliance. En Russie, l'on veut la paix; l'on veut être maître de choisir son heure et son temps pour les changements à introduire dans des faits qui, bien que d'une importance européenne, sont liés intimement à des questions de politique intérieure. Cependant on n'y est nullement disposé pour cela à épouser les rancunes mesquines, les frayeurs réelles ou imaginaires de cabinets qui peuvent avoir à redouter des complications dont la Russie n'a rien à craindre; et l'on sait d'ailleurs que ces cabinets n'ont à lui offrir, en échange de son concours dont elle connaît tout le prix, que des alliances équivoques dont elle connaît aussi la valeur.

En présence de cet état tout actuel des choses, des regrettables conséquences qu'ont entraînées les fautes commises par les uns et par les autres; en présence surtout de ce besoin si unanime de sécurité, résultat forcé de la situation déplorable où se trouvent les finances de presque tous les Etats du continent, tout homme sage se reporte aux jours où la physionomie de l'Europe était tout autre, où régnait une entente amicale entre les trois gouvernements de Russie, de France et d'Angleterre, et il forme des vœux pour que cette entente se renouvelle.

Est-elle donc si difficile, si impossible?

L'Angleterre n'a pas pour habitude de s'allier avec les faibles. Elle ne s'unira jamais seule à l'Autriche, et quant à la Prusse, l'affaire des duchés a créé entre cette puissance et l'Angleterre des causes de mésintelligence qui ne disparaîtront pas de sitôt. Tout dépend donc uniquement de la France et de la Russie; dès qu'elles seront d'accord, l'Angleterre les suivra. Or, nous avons vu que la seule divergence qui pouvait encore exister entre les cabinets de Saint-Pétersbourg et de Paris est affaire de moyen, de mise en œuvre, ou plutôt même d'opportunité et de temps, indispensable à la Russie pour résoudre définitivement la question de Pologne. Quant aux préventions et aux défiances, nous en avons fait justice et les avons réduites à leur plus simple expression; elle se résume dans ces mots : *principe des nationalités*, mots qui ne paraissent si effrayants, si révolutionnaires, que parce qu'on ne s'en rend pas compte.

Et, d'ailleurs, l'idée que ces mots expriment est-elle donc quelque chose de si nouveau pour l'Europe? Depuis que le monde est monde, l'amour de la patrie et de son indépendance a toujours été un sentiment tenu en grand honneur, enseigné par les rois et commandé par l'Eglise. C'est à lui que la France et la Russie doivent leur unité et leur grandeur; il est poétisé en France dans Jeanne d'Arc, il est béatisé en Russie dans la personne du prince Dmitrii Donskoï, dont la légende populaire a fait un saint pour avoir, comme par miracle, délivré la Russie du joug des Mongols. Ce qu'on encourage, ce qu'on vénère, ce qu'on adore chez soi, peut-on le condamner et le combattre chez les autres? Les peuples, dans leur bon sens, plus habile par sa chrétienne franchise que l'esprit retors de la vieille politique athée des Mazarin et des Metternich, ne croient pas à l'utilité de cette affreuse théorie que de nos jours aucun homme d'Etat intelligent n'oserait publiquement avouer.

Or, s'il est vrai que le sentiment sacré de l'amour de

la patrie pousse et a poussé dans tous les siècles tout peuple vaincu, opprimé, à revendiquer son indépendance, c'est-à-dire à constituer sa *nationalité*, s'il est vrai qu'il est aussi impossible de condamner un pareil sentiment chez un peuple que de l'empêcher de naître et de se manifester, il sera vrai aussi que les peuples ont le droit d'être indépendants et libres, que les nationalités, par conséquent, ont droit d'exister; il sera vrai enfin que ce que les gouvernements ont de mieux à faire, c'est de reconnaître ce droit, de le sanctionner, et d'un élément de troubles d'en faire un élément d'ordre. L'art du bon politique a toujours consisté à savoir tirer parti de ce qu'on ne peut empêcher.

Quel est l'homme d'Etat arriéré qui oserait aujourd'hui mettre en question les principes posés par la Déclaration des droits de l'homme? Pendant bien longtemps, cependant, ces principes ont été réputés révolutionnaires au premier chef, tout comme aujourd'hui le principe des nationalités. L'un pourtant n'est que la conséquence des autres; s'il est reconnu, établi, admis, que l'homme a le droit d'être libre et indépendant, il doit être reconnu, établi, admis aussi qu'une nation qui n'est qu'une agrégation d'hommes, a, à plus forte raison, ce même droit. D'où il suit qu'on ne peut nier le principe des nationalités, sans nier en même temps les principes établis par la Déclaration des droits de l'homme.

Cette Déclaration a produit toute une révolution: 89 d'abord, 93 ensuite. De cette révolution est sorti un grand homme, homme d'ordre et d'intelligence qui, voyant qu'il ne pouvait empêcher le courant, a cherché à le diriger, à le réglementer et à en empêcher les débordements en lui creusant un lit profond et régulier. Il réunit des savants, s'entoura de toutes les lumières de son temps, et de ce congrès de l'intelligence et de l'expérience est sorti le Code civil français, qui depuis est devenu le Code civil du monde. Ce Code pose en principe les droits de l'homme, mais il fixe aussi l'âge où ces droits sont acquis, les conditions qui les maintiennent ou les restreignent. — De cette manière le principe qui avait été longtemps un élément de désordre et de révolutions, est devenu un élément de stabilité, de grandeur et de progrès universels.

Ce qui a été fait pour l'être individuel, qu'on le fasse pour l'être collectif, et nul doute que ce qui a si bien réussi dans l'ordre civil ne réussisse tout aussi bien dans l'ordre politique. Qu'on réunisse en Suisse ou en Belgique un congrès composé, non de souverains, non de premiers plénipotentiaires, mais de savants, de jurisconsultes, d'hommes d'ordre et de progrès de tous les pays qui seraient chargés de définir le principe des nationalités, de lui poser des bornes, des limites, de rédiger, en un mot, un Code international basé sur ce principe. Les cabinets des différentes puissances de l'Europe seraient en rapports directs avec ceux de ces savants qui les représenteraient dans ce congrès, et s'engageraient à s'en remettre à ses décisions, à ne soulever, à ne conclure aucune question nouvelle de politique, et à réduire les forces militaires de leurs Etats respectifs jusqu'à la rédaction définitive du nouveau Code, qui n'entrerait en vigueur que le jour où il aurait reçu la sanction de toutes les puissances représentées, ou du moins de la majorité d'entre elles. On convoquerait alors pour donner cette sanction un congrès de souverains qui serait, celui-là, le vrai CONGRÈS DE LA PAIX.

De cette manière on réaliserait à la fois le *desideratum* de tous les publicistes, celui d'un tribunal international jugeant en dernier ressort les différends entre les Etats; on aplanirait les difficultés existantes; on écarterait du coup toutes les causes de mésintelligence, de prévention et de défiance entre les gouvernements, d'irritation et de troubles chez les peuples, et l'on inaugurerait, pour le monde entier, une ère nouvelle de grandeur basée sur la justice, de bien-être fondée sur la sécurité, de paix assurée par la confiance.

Si pourtant, malgré l'évidence des faits, malgré tout ce qui les y convie, les gouvernements de l'Europe ne devaient pas encore entrer dans cette voie de transaction amiable, d'entente commune, de solutions paisibles, de satisfactions à donner à des besoins chaque jour plus pressants; si, dans leurs décisions tout actuelles, c'est l'imprévoyance qui devait l'emporter sur la sagesse, l'entraînement sur la réflexion, eh bien alors, c'est que le moment de cette liquidation générale ne serait pas encore arrivé; c'est que de nouvelles épreuves, de plus fortes secousses peut-être, seraient encore nécessaires pour le provoquer; c'est, en un mot, que le mouvement d'impulsion, auquel correspond toujours un mouvement égal de réaction, aurait été plus fort que nous ne l'avions supposé. Mais le progrès ne s'accomplira pas moins pour cela, les idées de notre société moderne ne triompheront pas moins sûrement. La satisfaction des besoins des nations constituées n'en sera que plus décisive. — *Reactioni similis actio.* (NEWTON.)

PARIS. — IMPRIMERIE INTERNATIONALE DE G. TOWNE, 9, RUE DES FOSSÉS-MONTMARTRE.

PARIS. — IMPRIMERIE INTERNATIONALE DE G. TOWNE
rue des Fossés-Montmartre, 9.

www.ingramcontent.com/pod-product-compliance
Ingram Content Group UK Ltd.
Pitfield, Milton Keynes, MK11 3LW, UK
UKHW021111260726
13994UKWH00002B/838